Six Personnages en quête d'auteur

ÉTONNANTS • CLASSIQUES

PIRANDELLO

Six Personnages en quête d'auteur

Traduction par CLAUDE PERRUS

Présentation, notes, chronologie et dossier par
NADIA ETTAYEB

GF Flammarion

Édition revue, 2008.
ISBN : 978-2-0812-1446-0
ISSN : 1269-8822

SOMMAIRE

■ Luigi Pirandello (1867-1936).

PRÉSENTATION

« On ne donne pas impunément la vie à un personnage[1] » : c'est en ces termes que Pirandello, dans la préface de *Six Personnages en quête d'auteur*, commente le curieux phénomène qui fut à l'origine de cette pièce. Représentez-vous une famille de personnages qui surgit devant vous, directement issue de votre imagination et qui revendique avec force son droit à la vie, son désir d'accéder à une existence artistique. C'est l'expérience vécue en 1917 par Pirandello, qui explique à quel point ces Personnages, pourtant pures abstractions, sont déjà dotés d'une vie autonome lorsqu'ils s'imposent à son esprit : « Nés vivants, ils voulaient vivre[2]. » Quel parti prendre ? Raconter dans une nouvelle, un roman, le drame que portent en elles ces figures, comme il l'a déjà fait abondamment dans son œuvre passée ? L'écrivain s'y refuse ; il décide de mettre en scène le drame de ces six Personnages inachevés, errant dans les limbes de la création en quête d'un auteur qui acceptera de raconter leur histoire. La pièce (1921), premier volet d'une trilogie intitulée le « théâtre dans le théâtre[3] », relève donc d'un double drame : familial et poétique.

---

1. Préface de *Six Personnages en quête d'auteur*, trad. Claude Perrus, GF-Flammarion, 1994, p. 32.
2. *Ibid.*, p. 31.
3. Les deux autres pièces de cette trilogie sont : *Chacun à son idée* (d'abord intitulée en français *Comme ci [ou comme ça]*), 1924, et *Ce soir on improvise*, 1929.

Le pirandellisme

Pirandellisme : c'est ainsi que l'on nomme la mise en abyme[1] du théâtre dans le théâtre reprise par Pirandello au XXe siècle. Avant lui, d'autres dramaturges avaient eu recours à cette pratique, par exemple, au XVIIe siècle, Corneille dans *L'Illusion comique* ou Shakespeare dans *Hamlet*[2]. Dans cette pièce, le personnage éponyme fait jouer devant la reine, sa mère, et le roi, son beau-père, la scène du crime commis contre son père par son beau-père. La pantomime puis la tirade sur l'empoisonnement déclamée par le comédien Lucianus révèlent la vérité ; ainsi l'illusion théâtrale dénonce-t-elle le forfait du nouveau roi. Dans *L'Illusion comique*, Pridamant consulte le magicien Alcandre afin de connaître le sort de son fils Clindor, qu'il a chassé de chez lui. Il comprend seulement à l'acte V que les aventures tragiques de son fils, entrevues grâce à Alcandre, sont en fait les péripéties d'une pièce jouée par le jeune homme devenu comédien. Pridamant, qui croyait son fils mort, accepte ainsi la nouvelle profession de Clindor. Parallèlement, il réalise que ce qu'il pensait être réel n'était qu'illusion. La mise en abyme invite ici à réfléchir sur le caractère mouvant de la réalité.

Au début de *Six Personnages en quête d'auteur*, le spectateur assiste à une répétition du *Jeu des rôles* de... Pirandello (1919), qui tourne son théâtre en dérision en faisant dire au directeur de la troupe : « [...] que voulez-vous que j'y fasse, moi, si la France ne nous envoie plus de bonnes pièces et si nous en sommes réduits à mettre en scène des comédies de Pirandello – celui qui y comprend quelque chose: chapeau ! –, des pièces fabriquées tout exprès pour que ni les acteurs, ni les critiques, ni le public n'y prennent

1. *Mise en abyme* : procédé qui consiste à introduire dans une œuvre son reflet.
2. Voir dossier, p. 125-132.

le moindre plaisir ? » (p. 40). Tandis que les acteurs et le directeur échangent sans conviction sur la manière d'interpréter au mieux cette pièce, le concierge annonce l'arrivée des six Personnages. Égarés, ils sont porteurs d'un drame et cherchent un auteur qui accepterait de l'écrire. D'abord abasourdi par le discours étrange de ceux qu'il appelle avec une froide distance « messieurs dames », le directeur est peu à peu fasciné par les fragments du drame que racontent les Personnages et par le violent tourment qu'ils manifestent. Il accepte finalement de transcrire les scènes qu'ils joueront pour ensuite les faire représenter par ses acteurs. Enchâssé dans cette pièce cadre, s'exprime alors le drame des Personnages : un père de famille, après avoir encouragé sa femme à le quitter pour suivre un autre homme, se retrouve par hasard client de sa belle-fille condamnée par la misère à se prostituer pour le compte d'une couturière, madame Pace. C'est le premier volet du drame qui sera « joué » ou plutôt vécu avec exultation par les Personnages eux-mêmes devant des acteurs devenus spectateurs médusés. Le second volet se déroule dans un jardin où la Fillette, sœur de la Belle-fille prostituée, se noie sous le regard de son frère, l'Adolescent, qui se suicide tandis que leur beau-frère, le Fils « légitime », assiste paralysé au drame dont il ne veut pas être personnage. Résumée ainsi, l'histoire paraît totalement décousue. Elle l'est, puisque la linéarité du récit enchâssé est sans cesse rompue par des considérations sur les limites de ses conditions de représentation qui semblent être le véritable propos de cette pièce. Après s'être présentés spontanément à l'esprit d'un auteur, les Personnages développent en effet une conscience aiguë et tragique de ne pouvoir être re-présentés : si l'acteur donne vie au personnage en l'incarnant, il n'est qu'un reflet approximatif, donc moins vrai que le modèle ; il s'efforce, à travers une réalité factice – celle du théâtre –, de ressembler aux créatures nées de l'imagination.

La mise en abyme a donc ici plusieurs effets : elle nous fait oublier que la scène de répétition relève de l'illusion au même titre que l'entrée des Personnages ; elle invite par ailleurs à s'interroger sur le théâtre comme *mimèsis* [1], tel qu'il a pu être défini par Aristote et repris par l'esthétique classique ou réaliste, en soulignant les limites de la représentation théâtrale, incapable de donner vie aux « êtres immatériels et cependant vivants, conçus et développés par l'activité créatrice de l'esprit [2] ». Ainsi Pirandello déjoue-t-il les perspectives habituelles : il ne pose pas le problème de la création en terme d'inspiration – ce n'est pas l'auteur qui est en quête de personnages ou d'une histoire à raconter, mais l'inverse.

Le drame des six Personnages ne s'inscrit pas dans une pièce construite en actes qui correspondraient aux différentes étapes d'une intrigue, laquelle n'existe pas à proprement parler. La représentation s'interrompt deux fois : lorsque le directeur s'absente avec les Personnages pour tenter de transcrire leur drame [3], et lorsque le machiniste laisse tomber le rideau par erreur [4] à la fin de la scène entre le Père et la Belle-fille. La pièce est donc construite en diptyque [5] : dans un premier temps, avant la première interruption, les six Personnages racontent leur drame ; dans un second temps, ils jouent, c'est-à-dire vivent, les deux scènes clés [6] qui le composent. Dans ce second mouvement, les regards se répondent dans un jeu de miroir : les acteurs deviennent spectateurs attentifs et les six Personnages spectateurs sceptiques de leur drame re-présenté.

1. *Mimèsis* : représentation vraisemblable de la réalité.
2. Pirandello, *Écrits sur le théâtre et la littérature*, trad. Georges Piroué, Denoël, 1968, rééd. Gallimard, « Folio », 1990, p. 19.
3. Ce moment constitue un tournant puisqu'il marque le passage de la dénégation à la fascination du directeur et de ses acteurs pour ces êtres surgis de nulle part et pourtant si imposants.
4. Comme pour dire que cette histoire ne peut trouver de véritable achèvement.
5. *Diptyque* : se dit d'une œuvre en deux parties.
6. En fait, le récit ne s'interrompt jamais car les personnages le disent en même temps qu'ils le vivent.

Qui sont les personnages ?

La liste des personnages distingue très nettement deux catégories : les personnages de la pièce « à faire » et les comédiens de la troupe, comme si ces derniers n'étaient pas les « personnages » d'une pièce mais des personnes à part entière. Tout est d'ailleurs fait pour abolir la frontière entre illusion théâtrale et réalité. Les spectateurs qui assistent à la représentation de *Six Personnages en quête d'auteur* découvrent d'abord une répétition de théâtre. Les premiers personnages qui entrent en scène sont des hommes et des femmes de théâtre sans nom, désignés uniquement par leur fonction : le directeur, le premier grand rôle féminin, le souffleur, l'accessoiriste, etc. La présence de ces deux derniers personnages est intéressante car ils appartiennent à l'espace « masqué » du théâtre, qui ici se dédouble et dévoile ses coulisses. Aussi les spectateurs oublient-ils qu'ils sont à une représentation. L'illusion est créée grâce au désordre qui règne sur une scène volontairement non apprêtée : « En entrant dans la salle, les spectateurs trouveront le rideau levé et le plateau tel qu'il est de jour, sans coulisses ni décor, presque sans lumière et désert : il faut qu'ils aient dès le début l'impression d'un spectacle non préparé » (p. 35), est-il indiqué avant les premières répliques. Le directeur de la troupe et le premier grand rôle féminin font leur entrée en traversant la salle. Tous deux montent sur la scène par l'un des escabeaux ; il n'y a donc plus de réelle frontière entre la salle et la scène, entre l'univers des spectateurs et celui des acteurs qui semblent n'être pas encore des « personnages ». Seuls les accessoires – le gros cigare du directeur et le chapeau excentrique du premier grand rôle féminin – signalent que ce sont des stéréotypes.

Les « vrais » Personnages sont ceux qui ne tardent pas à faire une irruption étrange, presque fantastique, comme si Pirandello avait tenté de matérialiser le moment où ils sont apparus à son esprit. Le directeur de la troupe serait alors, en quelque sorte, l'*alter ego* de l'auteur, celui qui doit recevoir cette « apparition » et essayer de répondre à l'injonction de ces êtres qui veulent exister. Ceux-ci sont anonymes[1], puisqu'ils sont inachevés et sont par essence des personnages[2]. Dans la didascalie p. 40-41, Pirandello insiste sur la nécessité de les distinguer très nettement des acteurs par un éclairage et un positionnement particuliers ; il suggère en outre le port de masques suffisamment flexibles pour laisser s'exprimer une partie du visage. Ainsi les Personnages ne doivent-ils pas apparaître comme des « fantômes » mais comme des œuvres d'art vivantes, ce qu'il appelle des « réalités créées ». C'est là un aspect important de l'esthétique de l'auteur. L'univers créé par l'esprit est une réalité à part entière qui, dans la mesure où elle échappe aux contingences matérielles de la vie quotidienne, sans cesse en mouvement, constitue une réalité supérieure, c'est-à-dire plus vraie[3]. Se noue alors un « conflit » entre ces deux fonctions – acteurs et Personnages – considérées en temps normal comme les facettes complémentaires d'une fiction qui s'applique à ressembler à la réalité. Pirandello perçoit les Personnages comme des êtres libres et autonomes qui « font le drame plus que le drame ne les fait[4] ».

1. Seul le nom de la mère, Amélie, sera dévoilé au cours de la pièce, p. 76.
2. On entend ici « personnages » au sens de figures déterminées par la fonction qu'elles occupent dans le drame.
3. Voir dossier, p. 143-144.
4. Pirandello, *Écrits sur le théâtre et la littérature*, éd. cit., p. 33.

Paradoxes des six Personnages

Le premier paradoxe des six Personnages, c'est qu'ils sont à la fois créés et libres, autonomes mais dépendants d'un auteur pour parachever leur existence[1]. En outre, ils sont porteurs d'un drame qui les fige dans une posture : le remords et la contrition du Père, la rancune impertinente et amère de la Belle-fille, la honte de la Mère dépressive, l'indifférence méprisante du Fils[2]. Les deux derniers Personnages, la Fillette et l'Adolescent, plus effacés et à peine ébauchés, sont plus difficiles à définir. Le second paradoxe, c'est donc qu'ils sont à la fois pétrifiés et vivants, ce que doit suggérer le masque flexible qui laisse voir uniquement les parties expressives du visage (la bouche, les yeux et le nez) : des œuvres d'art en mouvement et inachevées. Ainsi comprend-on aisément l'échec inéluctable des acteurs qui, après avoir observé les Personnages jouant leur drame, s'apprêtent à les incarner en tentant d'imiter la vie et non l'art. C'est dans cette perspective que Pirandello insiste tant sur la distinction à opérer entre Personnages et acteurs. Les Personnages doivent être vêtus d'étoffes spéciales qui n'existent pas dans la réalité quotidienne, « avec des plis rigides et un volume en quelque sorte sculptural » (p. 41), parce qu'ils sont de pures émanations de l'art, comme des statues vivantes. Leurs vêtements de deuil s'opposent à l'éclat uniforme du blanc que porte le premier grand rôle féminin. Et si, comme cette actrice, les Personnages

1. « J'ai la vieille habitude de donner audience chaque dimanche matin aux personnages de mes futures nouvelles », écrit Pirandello en 1911 (cité par Norbert Jonard dans son *Introduction au théâtre de Luigi Pirandello*, PUF, 1997).
2. Voir la description qu'en donne Pirandello dans la didascalie qui les présente, p. 41.

entrent en scène par la salle, ils viennent d'une autre réalité, « porteurs » d'un drame[1] à écrire et non d'un « très joli petit chien ». De la confrontation entre ces deux univers ne peuvent jaillir qu'incompréhension et conflit.

Au cœur de la pièce : le conflit

Le conflit est en effet au cœur même de la pièce. Il oppose les Personnages aux acteurs, mais pas uniquement… Il intervient aussi entre les Personnages et le directeur et au sein même du groupe des Personnages.

Dès leur entrée en scène, les six Personnages suscitent à la fois colère et étonnement. Leur présence, vécue comme une intrusion, dérange avant de fasciner. Le directeur perçoit d'abord leur requête comme une plaisanterie émanant de fous.

Par ailleurs, lorsqu'ils racontent leur histoire par fragments, en prenant le directeur et les acteurs à témoin, les Personnages se disputent entrent eux. La scène devient ainsi une espèce de tribunal où chacun exprime sa rancune, sa douleur, son amertume et sa honte. Se dessine un drame de l'incompréhension mutuelle qui trouve un écho dans de nombreux romans et nouvelles de Pirandello. Tandis que les six Personnages se racontent et se déchirent avec une intensité saisissante, les acteurs et le directeur écoutent, envoûtés. Pour ce dernier, il ne peut s'agir que de parfaits comédiens. L'évocation tourmentée et conflictuelle des

1. Il faut entendre ce mot au sens littéral d'action (*drama* en grec), puis de pièce de théâtre et enfin d'événements terribles.

éléments du drame que portent en eux les six Personnages aboutit à un pacte : le directeur, séduit, tentera de « transcrire » et non pas d'écrire ce drame. Ainsi les Personnages se posent-ils comme cocréateurs d'eux-mêmes : ils ne vivent pas dans un texte, ils vont « jouer » leur drame et accéder ainsi, l'espace d'un instant, à l'existence. Mais « jouer » pour eux ne revêt pas la même signification que pour les acteurs : ce n'est pas « faire semblant », c'est être pleinement ce qu'ils sont, c'est affirmer le pouvoir démiurgique des mots.

En effet, la collaboration éphémère des acteurs et des Personnages ne peut être qu'une autre source de conflit et d'incompréhension : les premiers fabriquent de l'illusion, les seconds réclament la vérité. On peut envisager les dialogues qu'ils échangent comme une illustration des théories de Pirandello sur les limites de la représentation théâtrale. « Il [l'acteur] sera plutôt [...] celui qu'il interprétera comme étant moi, le personnage qu'il sentira – s'il me sent – et non pas celui que moi, je me sens intérieurement » (p. 79), dit le Père au directeur : l'interprétation des acteurs ne peut que trahir l'essence des Personnages. Quant aux instructions données par le directeur au machiniste et à l'accessoiriste, elles sont approximatives ; il cherche seulement à s'approcher de la réalité décrite, tandis que les Personnages veulent la vérité. Le clivage entre illusion et réalité, vraisemblance et vérité, qui divise acteurs et personnages, finit paradoxalement par être dépassé lorsque la Belle-fille soupçonne le directeur de complicité avec le Père parce que, au nom de la bienséance, le premier refuse de montrer la rencontre des deux Personnages dans ce qu'elle a de plus cru.

Le drame de l'inachèvement

Les six Personnages ont beau exprimer leur scepticisme à l'égard du théâtre, ils demeurent inachevés et dépendent de ce lieu et de cet art pour exister pleinement.

Le spectateur qui assiste à la pièce de Pirandello est peut-être moins touché par le drame familial que par cette tragédie de l'inachèvement. Il est abasourdi par l'obstination désespérée avec laquelle les Personnages, le Père et la Belle-fille en particulier, se mettent à vivre des fragments de leur drame à défaut du drame tout entier. Coulée dans le moule d'une nouvelle ou d'un roman, l'histoire des six Personnages aurait pu être considérée comme une production du vérisme[1]. La misère, l'inceste, les instincts mal refoulés, etc., n'ont-ils pas parfois inspiré ce mouvement ? En refusant de les porter à leur maturation, Pirandello semble mettre à distance cette esthétique dans laquelle il a déjà inscrit une partie de son œuvre auparavant. De quoi s'agit-il en effet ? Du drame d'une famille détruite par la jalousie, recomposée puis condamnée par la misère à se retrouver dans des circonstances particulièrement sordides. Transposé au théâtre, le drame n'est donné à voir que dans ses moments les plus sombres : la relation presque consommée du Père avec la Belle-fille et la noyade de la Fillette. En fragmentant ainsi le drame et en redoublant ces aspects sordides par le biais de la gestuelle et d'une expression volontairement exacerbée, Pirandello ébranle le spectateur tout en déjouant le piège du *pathos*. La Mère, par

1. *Vérisme* : mouvement littéraire italien (*verismo*) de la fin du XIXe siècle, inspiré par le naturalisme et dirigé contre les romantiques ; ses représentants, « ayant en horreur l'idéal », veulent s'en tenir à « la pure vérité ».

exemple, figée dans sa douleur, ou la Belle-fille hystérique, qui n'en finit pas de revendiquer le drame comme sien et de réclamer la vérité, ne suscitent pas à proprement parler de compassion, mais plutôt une fascination inquiète. La mort de la Fillette comme celle de l'Adolescent créent un effet de surprise et un malaise lié à la façon dont les autres Personnages vivent ou refusent de vivre ce drame ; les deux Personnages muets, « silhouettés [1] », ne peuvent en effet faire naître de véritable compassion. Simples « présences », ces deux Personnages, « qui n'ont quasiment d'autre consistance que leur apparence [2] », ne sauraient émouvoir le spectateur, tout comme le Fils, qui se contente de répéter qu'il ne voulait pas « faire de scène » (p. 117). Bien sûr, son drame repose sur l'abandon de la Mère. Mais sa réplique plusieurs fois énoncée dit à la fois son refus de dialoguer avec la Mère et son refus de participer au drame, c'est-à-dire d'être un Personnage à part entière ; on a donc ici affaire à un Personnage aussi récalcitrant à naître que son auteur à le faire vivre. Délaissé par sa mère et par son père démissionnaire, il reflète d'ailleurs à lui seul, sur le mode de la synecdoque, l'abandon des Personnages par l'auteur.

Quels que soient le niveau de réalisation des Personnages et la force avec laquelle ils revendiquent leur droit à l'existence, la pièce offre, outre une tragédie de l'inachèvement, une réflexion vertigineuse sur les mystères de la création artistique, tout entière incarnée par madame Pace – réflexion à jamais inaboutie, vouée à un éternel recommencement, à l'image de ce drame

1. Qu'on ne s'y trompe pas, cela ne signifie pas que ces Personnages sont moins achevés artistiquement que les autres : « Ils se trouvent tous les six au même niveau de réalisation artistique [...]. Sauf que le Père, la Belle-fille ainsi que le Fils sont réalisés en tant qu'esprits, la Mère en tant que nature et, en tant que "présences", l'Adolescent qui regarde et accomplit un geste et la Fillette qui est absolument passive » (préface de *Six Personnages en quête d'auteur*, éd. cit., p. 35).
2. Préface de *Six Personnages en quête d'auteur*, éd. cit., p. 35.

dont le dénouement n'en est pas un : le rideau tombe, mais le rire de la Belle-fille et les ombres des six Personnages continuent de hanter le théâtre...

Madame Pace ou les mystères de la création

Semblable à un phénomène surnaturel, l'entrée en scène de madame Pace laisse les spectateurs un instant perplexes. Pourquoi ce Personnage n'était-il pas avec les autres ? Est-ce parce qu'il ne fait pas partie de la famille ? Ou peut-être parce qu'il n'est pas à proprement parler victime du drame ? Quant aux acteurs, qui assistent d'abord sceptiques puis médusés à ce phénomène, ils ne peuvent que se demander d'où sort cette « actrice » (p. 84). Leur représentation du monde et de la création les empêche de concevoir d'autres hypothèses. Le Personnage surgit sur scène tel qu'il a surgi dans l'imagination de l'auteur, comme si la pièce tentait ainsi d'appréhender le mystère de la création. Paradoxalement, Pirandello se sert de la magie théâtrale pour donner vie à ces Personnages. Ainsi, tout en soulignant les limites de la représentation, l'auteur confère-t-il au théâtre un pouvoir créateur : c'est en disposant sur scène les éléments de son décor familier, les chapeaux empruntés aux acteurs, que le Père (prestidigitateur ou thaumaturge[1] ?) convoque la couturière au cours d'une étrange cérémonie. Tout se passe alors

1. *Thaumaturge* : faiseur de miracles.

comme si ce Personnage, qui préexiste à son apparition, ne pouvait exister pleinement que sur scène. Immédiatement, la Belle-fille est attirée par elle, comme envoûtée, alors qu'elle refusait de s'identifier aux actrices. Ainsi, un lien étroit unit le lieu théâtral et les Personnages qui y élisent domicile. Le théâtre n'est plus seulement le lieu d'une illusion qui nous inviterait, comme chez Corneille ou chez Shakespeare, à réfléchir sur le caractère illusoire et éphémère de l'existence. Il nourrit la réflexion sur le passage du néant à l'être.

Du texte à la représentation

Le succès de Pirandello au théâtre est tardif : il le connaît en 1921 grâce à la représentation à Milan de *Six Personnages en quête d'auteur*. La pièce avait auparavant essuyé un échec cuisant à Rome, en raison de son caractère novateur et de l'absence de véritable intrigue. En France, elle a été mise en scène par Georges Pitoëff à Paris en 1923, puis inscrite au répertoire de la Comédie-Française en 1952[1]. Quarante-trois ans après sa création au théâtre, Jean Prat renouvelle l'approche de la pièce en l'adaptant pour la télévision (1964). À l'automne 2002 enfin, un jeune réalisateur, Emmanuel Demarcy-Mota, la monte au théâtre de la Ville à Paris en lui donnant un nouveau souffle poétique.

La mise en scène de Jean Prat relève du théâtre filmé. L'histoire est transposée sur un plateau de télévision et la présence

1. Au total, de 1950 à 1967, vingt-cinq pièces de Pirandello sont représentées en France, dont deux en italien.

de la caméra est clairement soulignée par le dialogue. Le directeur de troupe laisse donc place à un réalisateur. Le début permet aux téléspectateurs de découvrir le plateau, ses machinistes, ses accessoiristes puis l'arrivée progressive des acteurs grâce aux amples mouvements de caméra et aux nombreux plans d'ensemble[1]* ; une partie du dialogue est modifiée, ce qui confère à cette entrée en matière un naturel très proche de la réalité. L'alternance de plans d'ensemble et de plans moyens* permet à l'œil d'explorer les moindres recoins. C'est un plan d'ensemble qui saisit l'entrée en scène des six Personnages : la caméra, placée derrière les comédiens et le réalisateur, met ainsi en évidence le contraste entre les vêtements clairs de ces derniers et le deuil des Personnages. Très vite, le Père, porte-parole de la famille, se détache du groupe, puis c'est au tour de la Belle-fille ; la technique du champ*/contrechamp* permet alors de souligner l'antagonisme des deux Personnages. Le ton grave et solennel rompt à ce moment avec l'atmosphère bon enfant qui régnait jusque-là dans la troupe. Il arrive également que la caméra soit placée derrière le réalisateur écoutant tour à tour le Père et la Belle-fille, comme un juge pris à témoin. Ainsi les mouvements de caméra redoublent-ils le langage théâtral et peuvent-ils donner lieu à des analyses intéressantes. Les plans d'ensemble et les différents points de vue adoptés soulignent en particulier le jeu de miroir et de regard alterné qui s'installe entre comédiens et Personnages. Les plans rapprochés* permettent d'isoler les Personnages et de saisir leurs expressions, notamment lorsqu'ils ont de longues tirades.

À la fin de la seconde partie, l'éclairage suggère un rayon de lune sur le bassin, lieu du second drame. Il permet également de souligner l'expression torturée de la Belle-fille évoquant la mort à venir de sa petite sœur. La lumière rallumée à la fin traduit

1. Pour tous les mots suivis d'un astérisque, voir lexique, p. 145.

ce que les comédiens et le réalisateur troublés pensent être un retour à la réalité après le suicide de l'Adolescent. Le geste final du réalisateur qui déchire le texte dit l'échec de la représentation. Puis la lumière s'éteint et les Personnages reviennent hanter le décor tandis que la caméra suit la course de la Belle-fille, secouée d'un rire hystérique, dans les hauteurs du plateau.

Dans la mise en scène d'Emmanuel Demarcy-Mota, l'éclairage joue un rôle majeur. En projetant les ombres gigantesques des Personnages sur les murs, la lumière souligne le caractère fantastique de cette apparition ; ces ombres peuvent également être interprétées comme une représentation symbolique de l'ambivalence des Personnages, à la fois inachevés et vivants, condamnés comme des ombres à l'errance. Mais les comédiens eux-mêmes sont soumis à cette loi du clair-obscur qui projette leur ombre comme pour illustrer les propos du Père sur le caractère illusoire d'une réalité mouvante. À la fin de la première partie, le directeur, convaincu par les Personnages et flatté à l'idée d'écrire le texte, quitte la scène par une espèce de monte-charge baigné d'une lumière qui contraste avec la demi-obscurité de la scène, comme si les six Personnages l'entraînaient dans l'univers de la création.

Au début de la pièce, il règne sur la scène une joyeuse confusion et un désordre foisonnant au milieu desquels le spectateur attentif peut discerner une machine à coudre et un chapeau : l'ombre de madame Pace plane déjà. Le décor s'organise progressivement sous nos yeux. La scène du paravent est jouée sur des tréteaux qui deviennent ensuite un bassin autour duquel descendent des arbres par une sorte de magie théâtrale qui relève presque du féerique. Du foisonnement initial, on passe à un décor plus épuré.

Comme Jean Prat, Emmanuel Demarcy-Mota souligne la dichotomie entre comédiens et Personnages par le contraste des costumes. Mais dans sa mise en scène, les costumes s'échangent peu à peu dans une vaine tentative des comédiens pour représenter le drame que les Personnages clament et veulent vivre devant eux.

*

« [...] un mélange de tragique et de comique, d'imaginaire et de réalisme, dans une situation humoristique tout à fait nouvelle et des plus complexes ; un drame qui exige [...] d'être représenté à tout prix ; et la comédie de cette vaine tentative d'une réalisation scénique impromptue[1] » : c'est ainsi que Pirandello caractérise son œuvre ; et tout metteur en scène qui entreprend de l'adapter est confronté à cette question de la variété des registres.

Les premiers échanges entre les acteurs et le directeur sur l'absence de « bonnes pièces » et la nécessité douloureuse où ils se trouvent réduits de jouer « du » Pirandello prêtent à sourire. L'entrée en scène de madame Pace et son parler ridicule relèvent, quant à eux, à la fois du fantastique et du burlesque. Jean Prat insiste sur ce dernier registre en affublant le Personnage d'une perruque et d'un accoutrement grotesques, tandis qu'Emmanuel Demarcy-Mota souligne le caractère inexpliqué de ce « prodige », faisant d'abord apparaître le Personnage comme une ombre chinoise.

On pourrait illustrer la variété des registres par de nombreux autres exemples ; nous n'en retiendrons que quelques-uns. Le désespoir des Personnages figés dans une posture (le remords, la rancune, etc.) ressort de la fatalité tragique. La Belle-fille, sorte d'ange déchu dont l'idéal de pureté est incarné par la Fillette, a souvent les accents d'une fureur ravageuse et son rire dit toute son amertume. D'ailleurs, Emmanuel Demarcy-Mota semble avoir souligné cette obsession de la pureté perdue par une poupée blanche que la Fillette tient dans ses mains comme la Belle-

1. Préface de *Six Personnages en quête d'auteur*, éd. cit., p. 33.

fille tient celle-ci dans ses bras. Le conflit qui oppose les Personnages aux acteurs, bien qu'il révèle le drame des créatures en quête d'existence, prête également à sourire, par exemple lorsque la première actrice s'offusque des moqueries de la Belle-fille qu'elle doit incarner ; ou lorsque, à l'inverse, les comédiens rient de l'accoutrement de madame Pace.

Le sentiment dominant est néanmoins celui d'un profond malaise à l'image de celui qui traverse les acteurs confrontés à l'apparition des six Personnages et à l'issue du drame. Complexe, la pièce l'est en raison du caractère très théorique de la réflexion qu'elle propose sur la création artistique et le rapport entre illusion et réalité [1]. En inscrivant dans le texte les registres les plus variés, qui sont ceux de la vie même, Pirandello semble montrer que la création artistique relève bien d'une vie propre qui pourrait ressembler à celle que nous connaissons mais appartient pourtant à une réalité « supérieure » et énigmatique.

1. Ce contenu très théorique valut à Pirandello le titre d'« auteur philosophe ».

CHRONOLOGIE

1867 1936

■ Repères historiques et culturels

■ Vie et œuvre de l'auteur

Repères historiques et culturels

1861	Unification de l'Italie. Le roi Victor-Emmanuel II au pouvoir.
1871	Rome devient la capitale de l'Italie. Révolte de la Commune à Paris.
1876	École primaire obligatoire en Italie.
1878	Mort de Victor-Emmanuel II. Humbert Ier, son fils, lui succède.
1881-1882	En France, école primaire obligatoire. Carlo Collodi, *Pinocchio*.
1882	Triple-Alliance (ou Triplice) entre l'Italie, l'Allemagne et l'Autriche-Hongrie, dirigée contre la France. Mort de Garibaldi, principal acteur de l'unité italienne.
1883	Naissance de Mussolini.
1884	Huysmans, *À rebours*.
1885	L'Italie se lance dans une politique coloniale coûteuse (Érythrée et Somalie).
1889	Fondation de la IIe Internationale.
1890	Claudel, *Tête d'or*. Zola, *La Bête humaine*. Ibsen, *Hedda Gabler*.
1891	Wilde, *Le Portrait de Dorian Gray*.
1892	Scandale de Panamá. Svevo, *Une vie*.
1894	D'Annunzio, *Le Triomphe de la mort*. Kipling, *Le Livre de la jungle*. Monet, *La Cathédrale de Rouen*. Debussy, *Prélude à l'après-midi d'un faune*.

Vie et œuvre de l'auteur

1867 Naissance de Luigi Pirandello en Sicile.

1880 Installation à Palerme avec sa famille.

1884 Publication dans une revue d'une nouvelle vériste.

1886-1887 Inscription à la faculté des lettres de Palerme puis de Rome. Il propose sans succès deux pièces de théâtre.

1889 Poursuite de ses études à Bonn, où il soutient une maîtrise en allemand sur le dialecte d'Agrigente, sa ville natale. Publication d'un premier recueil de vers.

1890 Parution d'un second recueil de vers ainsi que de nombreux articles critiques.

1892 Écriture de nouvelles et d'une pièce qui n'est pas jouée.

1894 Mariage avec Antonietta Portulano, fille d'un associé de son père, lequel dirige une entreprise de soufre. Premières crises paranoïaques de sa femme.

Repères historiques et culturels

1895 Wells, *La Machine à explorer le temps*.

1897 Wells, *L'Homme invisible*.
Monet, premières versions de la série des *Nymphéas*.

1900 Mort de Humbert Ier. Son fils, Victor-Emmanuel III, devient roi d'Italie. Exposition universelle de Paris.
Freud, *L'Interprétation des rêves*.
Puccini, *Tosca*.

1902 Méliès, *Le Voyage dans la Lune*.

1903 D'Annunzio, *Louanges du ciel, de la mer, de la terre et des héros*.

1907 Triple-Entente entre la France, la Grande-Bretagne et la Russie, dirigée contre la Triple-Alliance.
Picasso, *Les Demoiselles d'Avignon*.

1908 Expansion du mouvement fauviste.

1909 Marinetti, *Manifeste technique de la littérature futuriste*.

1912-1913 Guerres turco-balkaniques.

1913 Instauration en Italie du suffrage universel. Début des progrès industriels, mais la pauvreté pousse des millions d'Italiens à s'exiler vers les États-Unis et l'Amérique du Sud.

1914 Assassinat à Sarajevo de l'archiduc héritier d'Autriche-Hongrie, François-Ferdinand.
Début de la Première Guerre mondiale, qui oppose les Empires centraux (Allemagne et Autriche-Hongrie) et leurs alliés à l'Entente franco-britannique et ses alliés. L'Italie reste neutre jusqu'en mai 1915, où elle rompt la Triplice et entre en guerre aux côtés de la France et de la Grande-Bretagne.
Création par Mussolini du journal *Il Popolo d'Italia*, puis des « Faisceaux d'action révolutionnaire » pour soutenir les interventionnistes.

Vie et œuvre de l'auteur

1898 Sa première pièce, *L'Épilogue*, est publiée en revue.

1903 Éboulement de la soufrière dans laquelle Pirandello avait placé tout son capital, ainsi qu'une partie de la dot de sa femme.

1906 Début du succès avec son roman *Feu Mathias Pascal*, traduit en français en 1910.

1907 Écriture d'un essai sur le travail de créateur, *L'Humorisme*.

Repères historiques et culturels

1915 Kafka, *La Métamorphose*.

1916 Freud, *Introduction à la psychanalyse*.

1917 Entrée en guerre des États-Unis contre les Empires centraux.
Révolution d'octobre en Russie.

1918 Fin de la Première Guerre mondiale.
L'armistice du 11 novembre consacre la capitulation allemande.
Première exposition de Miró à Barcelone.

1921 Expansion du mouvement fasciste en Italie.

1922 Marche sur Rome. Mussolini obtient de Victor-Emmanuel III de prendre la tête du gouvernement.
Joyce, *Ulysse*.
Murnau, *Nosferatu le vampire*.

1923 À Munich, putsch manqué de Hitler pour s'emparer de la Bavière.
Svevo, *La Conscience de Zeno*.

1924 Mort de Lénine.
Thomas Mann, *La Montagne magique*.
Breton, *Manifeste du surréalisme*.

1925 Pacte de Locarno (série d'accords signés entre la Grande-Bretagne, la France, la Belgique, la Tchécoslovaquie, l'Allemagne et l'Italie en vue de garantir la paix et la sécurité collective en Europe occidentale).
Kafka, *Le Procès*.

Vie et œuvre de l'auteur

1915 Départ pour le front de ses deux fils, Stefano (né en 1895) et Fausto (né en 1899). Création et échec de *La Raison des autres.*

1917 Création avec succès de *Chacun sa vérité.*

1919 Internement de sa femme qui, entre autres symptômes, accuse son mari d'inceste avec sa fille Lietta (née en 1897). Création du *Jeu des rôles.*

1921 En mai, échec cuisant de *Six Personnages en quête d'auteur* à Rome. Représentée en septembre à Milan, la pièce y remporte un triomphe.

1922 Succès de *Henri IV.*
Création à Londres de *Six Personnages en quête d'auteur.*
Publication intégrale des nouvelles de Pirandello.

1923 Première à Paris de *Six Personnages en quête d'auteur*, en présence de Pirandello (mise en scène de Georges Pitoëff) ; la même année, la pièce sera jouée à New York.

1924 Création de *Chacun à son idée* (en français, la pièce est d'abord intitulée *Comme ci [ou comme ça]*). Pirandello adhère au parti fasciste.

1925 Fondation du Teatro d'arte di Roma, dont Pirandello est directeur. Nombreuses tournées dans le monde.

Repères historiques et culturels

1928 Brecht, *L'Opéra de quat'sous*.
Ravel, *Boléro*.

1929 En Italie, accords de Latran entre le pape Pie XI et Mussolini, qui garantissent au pape la souveraineté sur la cité du Vatican. Le catholicisme est religion d'État.
Hemingway, *L'Adieu aux armes*.
Moravia, *Les Indifférents*.

1930 Breton, *Second Manifeste du surréalisme*.
Desnos, *Corps et Biens*.

1932 Huxley, *Le Meilleur des mondes*.
Céline, *Voyage au bout de la nuit*.

1933 En Allemagne, Hitler devient chancelier le 30 janvier.

Vie et œuvre de l'auteur

1928 Dissolution du théâtre. Contacts en Allemagne, en Angleterre et aux États-Unis pour l'adaptation de *Feu Mathias Pascal.*

1929 Pirandello est nommé membre de l'Académie d'Italie, fondée par Mussolini.

1930 Première mondiale, à Königsberg, de *Ce soir on improvise.* Avec *Six Personnages en quête d'auteur* et *Chacun à son idée*, elle constitue la « trilogie du théâtre dans le théâtre ». Pirandello prend ses distances avec le parti fasciste.

1934 Pirandello reçoit le prix Nobel de littérature.

1936 Pirandello meurt à Rome d'une pneumonie.

1937 Pierre Chenal tourne *Feu Mathias Pascal.*

Six Personnages en quête d'auteur

LES PERSONNAGES DE LA PIÈCE À FAIRE

LE PÈRE
LA MÈRE
LA BELLE-FILLE
LE FILS
L'ADOLESCENT } *Ces deux derniers, rôles muets.*
LA FILLETTE }
(*Puis, évoquée*) MADAME PACE

LES COMÉDIENS DE LA TROUPE

LE DIRECTEUR CHEF DE TROUPE
LE GRAND PREMIER RÔLE FÉMININ
LE GRAND PREMIER RÔLE MASCULIN
LE GRAND SECOND RÔLE FÉMININ
LA JEUNE PREMIÈRE
LE JEUNE PREMIER
AUTRES COMÉDIENS ET COMÉDIENNES
LE RÉGISSEUR
L'ACCESSOIRISTE
LE SECRÉTAIRE DU DIRECTEUR
LE CONCIERGE DU THÉÂTRE
PERSONNEL DE PLATEAU

De jour, sur la scène d'un théâtre.

N.B. *Cette pièce ne comporte ni actes ni scènes. La représentation sera interrompue une première fois sans que le rideau tombe, quand le directeur chef de troupe et le chef des Personnages se retireront pour établir le scénario et que les acteurs évacueront le plateau ; elle s'interrompra une seconde fois lorsque, par erreur, le machiniste baissera le rideau.*

En entrant dans la salle, les spectateurs trouveront le rideau levé et le plateau tel qu'il est de jour, sans coulisses ni décor, presque sans lumière et désert : il faut qu'ils aient dès le début l'impression d'un spectacle non préparé.

Deux petits escaliers, à droite et à gauche du plateau, le feront communiquer avec la salle.

Sur le plateau, le couvercle du trou du souffleur sera posé à côté du trou.

De l'autre côté, sur le devant de la scène, une petite table et un fauteuil dont le dossier est tourné vers le public, pour le directeur chef de troupe.

Deux autres tables, l'une plus grande et l'autre plus petite, entourées de plusieurs chaises, seront placées elles aussi au premier plan, pour servir à la répétition si besoin est. D'autres chaises, çà et là, à droite et à gauche, pour les acteurs et au fond, sur le côté, un piano à moitié caché.

Une fois éteintes les lumières de la salle, on voit entrer par la porte du plateau le chef machiniste en salopette bleue, une sacoche accrochée à la ceinture ; il prend dans un coin, au fond, quelques planches, les dispose sur le devant de la scène et se met à genoux pour les clouer. Au bruit des coups de marteau, le régisseur accourt, entrant par la porte des loges.

LE RÉGISSEUR : Eh là ! Qu'est-ce que tu fabriques ?

LE CHEF MACHINISTE : Ce que je fabrique ? Je cloue, pardi.

LE RÉGISSEUR : À cette heure-ci ? *(Il consulte sa montre.)* Il est déjà dix heures et demie. Le patron [1] va arriver d'une minute à l'autre pour la répétition.

1. ***Patron*** : le mot désigne le directeur de la troupe.

LE CHEF MACHINISTE : Dites donc, il faudrait me laisser le temps de travailler, à moi aussi !

LE RÉGISSEUR : Tu l'auras, mais pas maintenant.

LE CHEF MACHINISTE : Alors quand ?

LE RÉGISSEUR : Quand ce ne sera plus l'heure de la répétition. Allez, allez, emporte-moi tout ça, que je mette en place le décor pour le deuxième acte du *Jeu des rôles* [1].

Le chef machiniste, en soupirant et en ronchonnant, ramasse ses planches et sort. Pendant ce temps, les acteurs et actrices de la troupe commencent à arriver, d'abord un, puis un autre, puis deux autres, ad libitum [2]. *En tout ils seront neuf ou dix, autant qu'il en faut pour les répétitions de la pièce de Pirandello,* Le Jeu des rôles, *inscrite au tableau de service. En entrant, ils saluent le régisseur et se disent bonjour entre eux. Certains se dirigent vers leur loge, d'autres, dont le souffleur, qui tient le manuscrit roulé sous le bras, restent sur le plateau, attendant le directeur pour commencer la répétition. Pendant tout ce temps, assis en cercle ou debout, ils échangent quelques mots : l'un allume une cigarette, un autre se plaint du rôle qui lui a été distribué, un troisième lit à haute voix à ses camarades des échos publiés dans une gazette de théâtre. Il est souhaitable que les actrices ainsi que les acteurs portent des vêtements plutôt clairs et gais, et que cette scène improvisée ait, dans son naturel, beaucoup de vivacité. À un moment donné, l'un des comédiens pourra se mettre au piano et attaquer un air de danse ; les plus jeunes se mettront à danser.*

LE RÉGISSEUR *(frappant dans ses mains pour les rappeler à l'ordre)* : S'il vous plaît ! S'il vous plaît ! Voici monsieur le directeur !

La musique et la danse cessent aussitôt. Les acteurs se tournent vers la salle, par la porte de laquelle on voit entrer le directeur de la troupe. Coiffé d'un chapeau melon, sa canne sous le bras et un gros cigare aux lèvres, il

---

1. ***Le Jeu des rôles*** : pièce de Pirandello qui, à sa création (1919), fut critiquée comme trop « intellectuelle ».

2. ***Ad libitum*** : locution adverbiale latine signifiant « à volonté », « au choix » ; ici, il revient au metteur en scène de *Six Personnages en quête d'auteur* de déterminer le rythme des entrées et le nombre de comédiens par entrée.

parcourt l'allée centrale et, salué par les comédiens, monte sur la scène par l'un des petits escaliers. Le secrétaire lui remet son courrier : des journaux, un manuscrit arrivé par la poste.

LE DIRECTEUR : Pas de lettres ?

LE SECRÉTAIRE : Non. Tout est là.

LE DIRECTEUR *(lui tendant le manuscrit)* : Portez ça dans ma loge. *(Il regarde autour de lui et, s'adressant au régisseur :)* Mais on n'y voit rien, ici. Faites donner un peu de lumière, s'il vous plaît.

LE RÉGISSEUR : Tout de suite, monsieur.

Le régisseur va donner des ordres. Peu après, toute la partie droite du plateau, où se trouvent les comédiens, est éclairée d'une vive lumière blanche. Entre-temps, le souffleur a pris place dans son trou, allumé sa petite lampe et disposé le manuscrit devant lui.

LE DIRECTEUR *(frappant dans ses mains)* : Allons, allons, au travail. *(Au régisseur :)* Tout le monde est là ?

LE RÉGISSEUR : Oui : sauf Mademoiselle... *(Il nomme le grand premier rôle féminin.)*

LE DIRECTEUR : Comme d'habitude ! *(Il consulte sa montre.)* Nous avons déjà dix minutes de retard. Mettez-la à l'amende[1], je vous prie. Ça lui apprendra à être à l'heure aux répétitions.

Il n'a pas fini de parler qu'on entend, venant du fond de la salle, la voix du grand premier rôle féminin.

LE GRAND PREMIER RÔLE FÉMININ : Non, non, s'il vous plaît ! Me voilà ! Me voilà !

Elle est tout de blanc vêtue, coiffée d'un grand chapeau excentrique, et elle tient dans ses bras un joli petit chien. Elle arrive en courant par l'allée centrale et gravit précipitamment l'un des deux petits escaliers.

1. ***Mettez-la à l'amende*** : punissez-la, sanctionnez-la.

LE DIRECTEUR : Vous avez juré de vous faire toujours attendre.

LE GRAND PREMIER RÔLE FÉMININ : Excusez-moi. J'ai cherché en vain un taxi pour arriver à l'heure ! Mais je vois que vous n'avez pas encore commencé. Et puis je n'entre pas en scène tout de suite. *(Elle appelle le régisseur par son prénom et lui confie le petit chien :)* S'il vous plaît, enfermez-le dans ma loge.

LE DIRECTEUR *(bougon)* : Et le petit chien, en prime ! Comme si nous n'étions pas assez de cabots [1], ici. *(Il frappe de nouveau dans ses mains puis s'adresse au souffleur :)* Bon : *Le Jeu des rôles*, acte deux. *(Il s'assied sur le fauteuil.)* Messieurs dames, s'il vous plaît. Qui est en scène à l'acte deux ?

Les comédiens quittent le devant de la scène et vont s'asseoir sur un côté du plateau, sauf les trois qui sont du début de l'acte et le grand premier rôle féminin qui, sans prêter attention à la question du directeur, s'assied devant l'une des deux tables.

LE DIRECTEUR *(au grand premier rôle féminin)* : Vous êtes donc de la première scène ?

LE GRAND PREMIER RÔLE FÉMININ : Moi ? Pas du tout.

LE DIRECTEUR *(agacé)* : Alors, ôtez-vous de là, sapristi !

Le grand premier rôle féminin se lève et va s'asseoir avec les acteurs qui se sont mis à l'écart.

LE DIRECTEUR *(au souffleur)* : Allez-y, allez-y.

LE SOUFFLEUR *(lisant le manuscrit)* : « La scène se passe chez Léon Gala. Une étrange salle à manger-bureau »...

LE DIRECTEUR *(au régisseur)* : On mettra le salon rouge.

LE RÉGISSEUR *(prenant note)* : Le salon rouge. Entendu.

---

1. ***Cabots*** : le mot est à prendre au sens propre comme au sens figuré, où il désigne des acteurs médiocres.

LE SOUFFLEUR *(continuant à lire)* : « Une table dressée et un bureau chargé de livres et de papiers. Des étagères à livres et des vitrines contenant de la vaisselle de prix. Au fond, une porte qui mène à la chambre de Léon. À gauche, une porte qui donne sur la cuisine. À droite, la porte principale. »

LE DIRECTEUR *(se levant et indiquant la disposition)* : Donc, retenez bien : de ce côté, la porte principale. Par ici, la cuisine. *(S'adressant au comédien qui doit jouer le rôle de Socrate*[1] *:)* Vous, vous entrez et sortez par ici. *(Au régisseur :)* Au fond, vous mettrez la porte à tambour[2], avec des tentures. *(Il se rassoit.)*

LE RÉGISSEUR *(prenant note)* : Entendu.

LE SOUFFLEUR *(lisant toujours)* : « Scène un. Léon Gala, Guy Venanzi, Philippe dit Socrate » *(Au directeur :)* Est-ce que je dois lire aussi les indications de scène ?

LE DIRECTEUR : Mais oui, voyons ! Je vous l'ai dit cent fois !

LE SOUFFLEUR : « Au lever du rideau, Léon Gala, en toque de cuisinier et tablier blanc, est en train de battre un œuf dans un bol avec une cuillère en bois. Philippe, lui aussi en tenue de cuisinier, en bat un autre. Guy Venanzi, assis, les écoute. »

LE GRAND PREMIER RÔLE MASCULIN *(au directeur)* : Pardon, mais il faudra vraiment que je me mette une toque sur la tête ?

LE DIRECTEUR *(agacé)* : Évidemment ! C'est écrit en toutes lettres ! *(Il montre le manuscrit.)*

LE GRAND PREMIER RÔLE MASCULIN : Mais enfin, c'est grotesque !

LE DIRECTEUR *(se levant, furieux)* : « Grotesque ! », « grotesque ! ». Et que voulez-vous que j'y fasse, moi, si la France ne nous envoie plus de bonnes pièces et si nous en sommes réduits à mettre

1. ***Socrate*** : surnom d'un personnage du *Jeu des rôles.*
2. ***Porte à tambour*** : tourniquet formé de quatre portes disposées en croix.

en scène des comédies de Pirandello – celui qui y comprend quelque chose : chapeau ! –, des pièces fabriquées tout exprès pour que ni les acteurs, ni les critiques, ni le public n'y prennent le moindre plaisir ? *(Les comédiens rient. Il s'approche du premier rôle et crie :)* Oui, monsieur, une toque de cuisinier ! Et vous battrez vos œufs ! Et vous croyez peut-être en être quitte en battant vos œufs ? Nenni [1] ! Vous devrez aussi incarner la coquille des œufs que vous battez ! *(Les comédiens recommencent à rire et échangent des commentaires ironiques.)* Silence quand je parle ! *(S'adressant au premier rôle :)* Parfaitement, la coquille : c'est-à-dire la forme vide qu'est la raison, lorsque l'instinct aveugle ne la remplit pas ! Vous, vous êtes la raison, votre femme est l'instinct : voilà comment se répartissent les rôles et vous, en jouant le vôtre, vous devrez représenter volontairement le pantin de vous-même. Est-ce que vous avez compris ?

LE GRAND PREMIER RÔLE MASCULIN *(écartant les bras)* : Pas du tout !

LE DIRECTEUR *(reprenant sa place)* : Eh bien moi non plus ! Continuons ! Et quant au dénouement, vous m'en direz des nouvelles ! *(Sur un ton de confidence :)* Surtout, placez-vous de trois quarts, sinon, entre les obscurités du dialogue et le public qui ne vous entendra pas, ce sera la fin de tout ! *(Il frappe de nouveau dans ses mains.)* Attention, attention ! Allons-y !

LE SOUFFLEUR : Pardon, monsieur le directeur, mais vous permettez que je m'abrite avec le couvercle ? il y a un de ces vents coulis !

LE DIRECTEUR : Mais oui, faites donc !

Entre-temps, le concierge du théâtre, coiffé d'une casquette galonnée [2], est entré dans la salle et, après avoir pris l'allée centrale, s'est approché du plateau pour annoncer au chef de la troupe l'arrivée des six Personnages.

---

1. ***Nenni*** : adverbe de négation, équivalent de « non » (vieilli).
2. ***Galonnée*** : ornée d'un galon, ruban de tissu épais décoratif.

Ceux-ci, ayant pénétré eux aussi dans la salle, le suivent à une certaine distance, l'air un peu perdu et hésitant, en regardant autour d'eux.

Celui qui voudrait tenter une mise en scène de la pièce doit s'employer par tous les moyens à ce que ces six Personnages ne puissent être confondus avec les comédiens de la troupe. La place des uns et des autres, signalée par les indications de scène au moment où les Personnages monteront sur le plateau, y contribuera certainement, de même qu'un éclairage spécial au moyen de projecteurs appropriés. Mais le moyen le plus efficace et le plus adéquat, que nous suggérons ici, serait de faire porter aux Personnages des masques fabriqués tout exprès dans une matière que la sueur ne ramollisse pas : travaillés et découpés de manière à laisser libres les yeux, les narines et la bouche. C'est ainsi que l'on traduira la signification profonde de la pièce. Les Personnages, en effet, ne doivent pas apparaître comme des fantômes, mais comme des réalités créées, *des constructions immuables de l'imagination : plus réels et consistants, donc, que le naturel toujours changeant des comédiens. Les masques aideront à donner l'impression de figures construites par l'art et fixées chacune dans l'expression permanente de son sentiment fondamental : pour le Père, le* remords *; pour la Belle-fille, la* vengeance *; pour le Fils, le* mépris *; pour la Mère, la* douleur, *avec des larmes de cire fixées dans les cernes des yeux et sur les joues, comme on le voit aux sculptures et aux peintures de la* Mater dolorosa[1], *dans les églises. Leurs vêtements, eux aussi, doivent être d'une étoffe et d'une coupe particulière, sans extravagance, avec des plis rigides et un volume en quelque sorte sculptural ; bref, ils ne doivent pas donner l'impression d'un tissu qu'on pourrait acheter dans n'importe quel magasin de la ville et faire ensuite couper et coudre chez n'importe quel tailleur.*

Le Père doit avoir la cinquantaine : les tempes dégarnies mais pas chauve, le poil roux, de petites moustaches drues[2] s'enroulant presque autour d'une bouche encore fraîche qui s'ouvre souvent pour un sourire hésitant et frivole. Pâle, notamment le front, qui est large ; des yeux bleus en amande, très brillants et pétillants de vivacité. Il portera un pantalon clair et une veste sombre. Il parlera tantôt sur un ton mielleux, tantôt avec des éclats âpres et durs.

---

1. ***Peintures de la Mater dolorosa*** : représentations de la Vierge auprès de la Croix ou soutenant son fils mort.
2. ***Drues*** : épaisses.

■ L'entrée en scène des six Personnages dans la représentation d'Emmanuel Demarcy-Mota au théâtre de la Ville, à Paris (2001). De gauche à droite : la Mère, la Fillette (dont on voit seulement la poupée), le Père, la Belle-fille, l'Adolescent et le Fils.
[Commentez l'effet produit par les jeux de lumière. Cette entrée vous semble-t-elle conforme aux souhaits formulés par l'auteur ? Comment peut-on interpréter la présence de la chaise vide ? Les personnages regardent-ils tous dans la même direction ?]

La Mère doit être comme atterrée, écrasée par un poids insupportable de honte et d'humiliation. Voilée par un épais crêpe de deuil, elle sera vêtue humblement de noir. Quand elle relèvera son voile, elle montrera un visage non pas ravagé mais cireux, et gardera les yeux baissés.

La Belle-fille, dix-huit ans, sera effrontée, presque impudente[1]*. Très belle, elle sera en deuil elle aussi, mais vêtue avec une élégance voyante. Elle manifestera de l'agacement pour l'air timide, affligé et comme égaré de son petit frère, un pâle Adolescent de quatorze ans, en noir lui aussi, et une vive tendresse pour sa petite sœur, une Fillette de quatre ans environ, en robe blanche avec une ceinture de soie noire.*

Le Fils, vingt-deux ans, grand, et comme raidi dans un mépris contenu pour le Père et dans une indifférence hargneuse pour la Mère, portera un manteau violet et une longue écharpe verte autour du cou.

LE CONCIERGE *(sa casquette à la main)* : Pardon, monsieur le directeur.

LE DIRECTEUR *(brusque, avec mauvaise humeur)* : Quoi encore ?

LE CONCIERGE *(timidement)* : Il y a ces messieurs dames qui demandent après vous.

Le directeur et les acteurs, surpris, se tournent pour regarder dans la salle.

LE DIRECTEUR *(exaspéré)* : Mais je suis en répétition ! Vous savez bien que personne ne doit entrer pendant les répétitions ! *(Vers le fond de la salle :)* Qui êtes-vous ? Que voulez-vous ?

LE PÈRE *(s'avançant, suivi des autres, vers l'un des deux escaliers)* : Nous sommes en quête d'un auteur.

LE DIRECTEUR *(mi-abasourdi, mi-furieux)* : D'un auteur ? Quel auteur ?

LE PÈRE : De n'importe quel auteur, monsieur.

LE DIRECTEUR : Mais il n'y a pas d'auteur, ici : nous n'avons aucune pièce nouvelle en répétition.

---

1. ***Impudente*** : impertinente, insolente.

LA BELLE-FILLE *(gravissant vivement l'escalier, toute guillerette)* : Alors tant mieux, monsieur, tant mieux ! Votre pièce nouvelle, ce sera nous !

UN ACTEUR *(au milieu des commentaires animés et des rires de ses camarades)* : Non, mais écoutez ça !

LE PÈRE *(rejoignant la Belle-fille sur le plateau)* : Oui, mais sans auteur, comment faire ? *(Au directeur :)* À moins que vous n'acceptiez de l'être.

La Mère, tenant la Fillette par la main, et l'Adolescent gravissent les premières marches de l'escalier puis s'arrêtent là, attendant. Le Fils, renfrogné, reste en bas.

LE DIRECTEUR : Vous voulez plaisanter, je pense ?

LE PÈRE : Non, monsieur, que dites-vous là ! Au contraire, nous vous apportons un drame douloureux.

LA BELLE-FILLE : Et nous pourrions faire votre fortune !

LE DIRECTEUR : Faites-moi le plaisir de sortir d'ici ; nous n'avons pas de temps à perdre avec des fous !

LE PÈRE *(blessé, mais mielleux)* : Voyons, monsieur, vous savez pourtant que la vie est pleine d'innombrables absurdités, si grossières qu'elles n'ont même pas besoin d'avoir l'air vraisemblables : parce qu'elles sont vraies.

LE DIRECTEUR : Qu'est-ce que vous me chantez là ?

LE PÈRE : Je veux dire que la véritable folie, au fond, c'est de s'escrimer à [1] faire le contraire, c'est-à-dire à inventer des absurdités vraisemblables, pour qu'elles paraissent vraies. Et entre nous soit dit, cette folie – si c'en est une – c'est la raison d'être de votre métier.

Les acteurs s'agitent, indignés.

1. ***S'escrimer à*** : s'acharner à.

LE DIRECTEUR *(se levant et le toisant[1])* : Ah, vraiment ? Alors, pour vous, notre métier, c'est un métier de fous ?

LE PÈRE : Ma foi, monsieur, faire croire ce qui n'est pas vrai, sans nécessité, par jeu... Votre fonction n'est-elle pas de donner la vie, sur scène, à des personnages imaginaires ?

LE DIRECTEUR *(vivement, se faisant le porte-parole de l'indignation croissante de la troupe)* : Mais je vous prie de croire, mon cher monsieur, que la profession de comédien est l'une des plus nobles du monde ! Si au jour d'aujourd'hui nos jeunes auteurs ne nous proposent que des pièces stupides, et des marionnettes au lieu d'êtres humains, du moins sommes-nous fiers d'avoir donné la vie – ici même, sur ce plateau – à des œuvres immortelles !

Les acteurs, satisfaits, approuvent et applaudissent leur directeur.

LE PÈRE *(coupant court et enchaînant avec fougue)* : Voilà ! C'est cela même ! À des êtres vivants, plus vivants que ceux qui respirent et qui ont des vêtements sur le dos. Moins réels, peut-être, mais plus vrais ! Nous sommes bien d'accord !

Les acteurs, sidérés, échangent des regards.

LE DIRECTEUR : Comment ? Comment ? Pourtant vous disiez...

LE PÈRE : Non, monsieur, permettez : je disais ça pour vous, quand vous nous avez crié que vous n'aviez pas de temps à perdre avec des fous, alors que personne ne sait mieux que vous que la nature se sert de l'imagination humaine afin de poursuivre, sur un plan plus élevé, son œuvre de création.

LE DIRECTEUR : Soit, soit. Mais, à la fin, où voulez-vous en venir ?

LE PÈRE : À rien du tout, monsieur. Seulement à vous démontrer qu'on naît à la vie de mille façons, sous mille formes : arbre

1. ***Toisant*** : regardant de haut, avec mépris.

ou pierre, eau ou papillon… ou femme. Et que l'on peut aussi naître personnage !

LE DIRECTEUR *(affectant une stupeur ironique)* : Ainsi donc vous-même, et toutes ces personnes qui vous entourent, vous seriez nés personnages ?

LE PÈRE : Exactement, monsieur. Et vivants, comme vous le voyez.

Le directeur et les acteurs éclatent de rire, comme à une bonne farce.

LE PÈRE *(blessé)* : Je regrette que cela vous fasse rire parce que, je vous le répète, nous portons en nous un drame douloureux : vous pouvez le deviner en voyant cette femme voilée de noir.

En disant cela, il tend la main à la Mère pour l'aider à gravir les dernières marches et, la tenant toujours par la main, il la conduit avec une certaine solennité vers l'autre côté du plateau, qui s'éclaire aussitôt d'une lumière irréelle. La Fillette et l'Adolescent suivent leur mère ; puis le Fils, qui restera à l'écart, au fond ; et enfin la Belle-fille, qui se place elle aussi à l'écart, mais sur le devant du plateau, appuyée au cadre de scène. D'abord stupéfaits, puis admiratifs devant ces évolutions, les acteurs se mettent à applaudir, comme à un spectacle donné pour eux.

LE DIRECTEUR *(d'abord abasourdi, puis furieux)* : Qu'est-ce qui vous prend ? Silence, voyons ! *(Aux Personnages :)* Et vous, allez-vous-en ! Hors d'ici ! *(Au régisseur :)* Faites évacuer le plateau, bon Dieu !

LE RÉGISSEUR *(il s'avance, puis s'immobilise, comme retenu par une étrange frayeur)* : Allez-vous-en ! Allez-vous-en !

LE PÈRE *(au directeur)* : Non, écoutez-moi, nous…

LE DIRECTEUR *(en criant)* : Mais nous sommes ici pour travailler, à la fin !

LE GRAND PREMIER RÔLE MASCULIN : On n'a pas le droit de se moquer ainsi des gens…

LE PÈRE *(d'un ton résolu, en s'avançant)* : Et moi, je m'étonne de votre incrédulité ! N'êtes-vous pas habitués à voir surgir vivants sur ce plateau, face à face, les personnages créés par un auteur ? Serait-ce parce qu'il n'y a pas, là-dedans *(il montre le trou du souffleur)* un manuscrit qui nous contienne ?

LA BELLE-FILLE *(s'avançant vers le directeur, avec un sourire enjôleur)* : Croyez bien, monsieur, que nous sommes vraiment six personnages, et très intéressants, de plus ! Même si nous sommes perdus.

LE PÈRE *(l'écartant)* : Oui, perdus, c'est le mot ! *(Au directeur, avec vivacité :)* Perdus en ce sens que, voyez-vous, l'auteur qui nous a créés vivants n'a pas voulu ensuite, ou n'a pas pu matériellement nous mettre au monde de l'art. Et ça, monsieur, c'est un véritable crime, car celui qui a eu la chance de naître personnage vivant peut se moquer même de la mort. Il ne mourra jamais ! L'homme, l'écrivain, simple instrument de la création, peut mourir, lui, mais sa créature ne mourra jamais ! Et pour vivre éternellement, elle n'a même pas besoin de dons extraordinaires, ni d'accomplir des prodiges. Qui était Sancho Pança [1] ? Qui était le curé don Abbondio [2] ? Et pourtant ils sont éternels, parce que ces germes vivants ont eu la chance de trouver une matrice féconde, une imagination qui a su les élever, les nourrir, les faire vivre pour l'éternité !

LE DIRECTEUR : C'est bien joli, tout ça, mais qu'est-ce que vous voulez au juste ?

LE PÈRE : Nous voulons vivre, monsieur !

---

1. ***Sancho Pança*** : écuyer de Don Quichotte, héros du roman éponyme de Cervantès (1547-1616). Son réalisme et son sens commun s'opposent à l'idéalisme de son maître.

2. ***Don Abbondio*** : curé poltron (« ni riche, ni noble, encore moins courageux ») du roman *Les Fiancés* d'Alessandro Manzoni (1785-1873).

LE DIRECTEUR *(ironique)* : Pour l'éternité ?

LE PÈRE : Oh non, monsieur. Rien qu'un moment, en eux.

UN ACTEUR : Ça alors !

LE GRAND PREMIER RÔLE FÉMININ : Ils veulent vivre en nous !

LE JEUNE PREMIER *(montrant la Belle-fille)* : Moi, j'ai rien contre, si on me l'attribue comme partenaire !

LE PÈRE : Comprenez-moi bien : la pièce reste à faire, *(au directeur :)* mais si vous y consentez, vous et vos comédiens, nous la ferons sur-le-champ, de concert !

LE DIRECTEUR *(agacé)* : De concert ! De concert ! Ici on ne donne pas de concert ! Ici on joue des drames et des comédies !

LE PÈRE : Bien sûr ! C'est précisément pour cela que nous sommes venus vous trouver !

LE DIRECTEUR : Et où est le manuscrit ?

LE PÈRE : Il est en nous, monsieur. *(Les acteurs rient.)* Le drame est en nous, c'est nous, et nous sommes impatients de le représenter, tel que l'exige la passion qui nous habite !

LA BELLE-FILLE *(railleuse, avec la grâce perfide[1] d'une impudence appuyée)* : Ah, ma passion, si vous saviez, monsieur ! Ma passion… pour lui ! *(Elle montre le Père et fait mine de l'étreindre, puis éclate aussitôt d'un rire strident[2].)*

LE PÈRE *(avec une brusque colère)* : Toi, pour le moment, tiens-toi tranquille ! Et je te prie de ne pas rire comme ça !

LA BELLE-FILLE : Vraiment ? En ce cas, avec votre permission, mesdames et messieurs : bien qu'orpheline depuis à peine deux

---

1. ***Perfide*** : trompeuse, sournoise.
2. ***Strident*** : très aigu.

mois, voyez un peu comment je chante et comment je danse ! *(Elle fredonne avec malice « Prends garde à Tchou-Tchin-Tchou », de Dave Stamper, dans la version fox-trot*[1] *ou one-step*[2] *de Francis Salabert*[3]*, et elle accompagne le premier couplet d'un pas de danse.)*

Les Chinois sont un peuple malin,
De Shanghai à Pékin,
Ils ont mis des écriteaux partout :
Prenez garde à Tchou-Tchin-Tchou !

Pendant qu'elle chante et danse, les acteurs, surtout les plus jeunes, comme sous l'effet d'une étrange fascination, s'approchent d'elle et ébauchent des gestes pour la saisir. Elle leur échappe, et quand ils l'auront applaudie et que le directeur se fâchera, elle restera comme indifférente et lointaine.

LES ACTEURS *(riant et applaudissant)* : Bravo ! Bravo !

LE DIRECTEUR *(en colère)* : Silence ! Vous vous croyez au café-concert[4] ? *(Il entraîne le Père un peu à l'écart, l'air préoccupé.)* Dites-moi : elle est folle ?

LE PÈRE : Folle ? pas du tout ! C'est bien pire !

LA BELLE-FILLE *(accourant vers le directeur)* : Bien pire ! Bien pire ! Et comment ! Écoutez, monsieur : laissez-nous le jouer tout de suite, ce drame, et vous verrez qu'à un certain moment, quand ce petit ange *(elle prend par la main la Fillette, qui se tient près de sa mère, et l'amène devant le directeur)* – Vous voyez comme elle est mignonne ? *(Elle la prend dans ses bras et la couvre de baisers.)*

---

1. ***Fox-trot*** : air musical syncopé et à tempo modéré sur lequel s'exécute la danse du même nom, à pas glissés en avant ou en arrière.
2. ***One-step*** : air musical à deux temps plus ou moins syncopé sur lequel s'exécute la danse d'origine américaine du même nom, en vogue en France et en Italie dans les années 1920.
3. ***Francis Salabert*** : éditeur de musique parisien très influent sur le marché de la chanson imprimée et des airs de danse pendant l'entre-deux-guerres.
4. ***Café-concert*** : théâtre où se produisent des chanteurs, des fantaisistes ou des comiques que des spectateurs écoutent tout en consommant.

Mon trésor ! Mon trésor ! *(Elle la repose à terre et ajoute, comme malgré elle, tout émue.)* – Eh bien, quand ce petit ange, Dieu l'enlèvera brutalement à sa pauvre mère, et que ce petit imbécile *(elle pousse l'Adolescent en avant, en le saisissant rudement par la manche)* fera la plus grosse des sottises, comme le crétin qu'il est *(elle le repousse d'une bourrade vers sa mère)*, alors vous me verrez prendre mon vol ! Oui, monsieur ! je m'envolerai loin d'ici ! Et je n'attends que cela, croyez-moi, je n'attends que cela ! Parce que, après ce qui s'est passé de très intime entre lui et moi *(d'un clin d'œil canaille, elle indique le Père)*, je ne peux plus me voir en leur compagnie, contrainte d'assister au supplice de cette mère à cause de ce type-là *(elle montre le Fils)*. Regardez-le ! regardez-le ! Indifférent, glacial : parce que lui, c'est le fils légitime ! Il est plein de mépris pour moi, pour lui *(elle montre l'Adolescent)*, pour ce petit bout de chou, parce que nous sommes des bâtards, comprenez-vous ? des bâtards. *(Elle s'approche de la Mère et l'étreint.)* Et cette pauvre mère – notre mère à tous les quatre –, il ne veut pas la reconnaître pour sa mère à lui aussi ; alors il la regarde de haut, comme si elle n'était que la mère de trois bâtards – le salaud !

Elle a dit tout cela très vite, avec une grande surexcitation ; après avoir haussé le ton sur « bâtards », arrivée à « le salaud », elle dira ces mots à mi-voix, comme en les crachant.

LA MÈRE *(écrasée de douleur, au directeur)* : Monsieur, au nom de ces deux pauvres petits, je vous supplie... *(Prise de faiblesse, elle chancelle.)* – Oh, mon Dieu...

LE PÈRE *(accourant pour la soutenir, avec presque tous les acteurs stupéfaits et consternés)* : Vite, une chaise, une chaise pour cette pauvre veuve !

LES ACTEURS *(accourant)* : Mais alors, c'est vrai ? Elle s'évanouit pour de bon ?

LE DIRECTEUR : Une chaise, vite !

L'un des acteurs avance une chaise ; les autres s'empressent autour d'elle. La Mère, assise, tente d'empêcher le Père de soulever le voile qui cache son visage.

LE PÈRE : Regardez-la, monsieur, regardez-la…

LA MÈRE : Non ! Au nom du ciel ! Arrête !

LE PÈRE : Laisse qu'on te voie ! *(Il soulève son voile.)*

LA MÈRE *(se levant et cachant désespérément son visage dans ses mains)* : Par pitié, monsieur, empêchez cet homme de mettre son projet à exécution, c'est trop affreux pour moi !

LE DIRECTEUR *(surpris et ahuri)* : Moi, je ne comprends plus ni où nous sommes, ni ce qui se passe ! *(Au Père :)* C'est votre femme ?

LE PÈRE *(vivement)* : Oui, monsieur, c'est ma femme !

LE DIRECTEUR : Alors comment peut-elle être veuve, puisque vous êtes vivant ?

Les acteurs se soulagent de leur ahurissement en éclatant de rire.

LE PÈRE *(blessé, d'un ton âpre)* : Ne riez pas ! Ne riez pas, je vous en prie ! C'est justement son drame, monsieur. Il y a eu dans sa vie un autre homme. Un homme qui devrait être ici !

LA MÈRE *(dans un cri)* : Non ! Non !

LA BELLE-FILLE : Heureusement pour lui, il est mort depuis deux mois, comme je vous le disais. Vous voyez : nous sommes encore en deuil.

LE PÈRE : Mais s'il n'est pas là, ce n'est pas parce qu'il est mort. Il n'est pas là parce que – regardez-la, je vous prie, et vous comprendrez tout de suite – son drame, à elle, cela n'a pas été d'aimer deux hommes. Elle est incapable de passion : tout ce qu'elle a pu ressentir, peut-être, c'est un peu de reconnaissance (pas pour moi : pour l'autre !). Ce n'est pas une femme, monsieur, c'est une mère ! Et son drame, justement (un drame puissant, monsieur, puissant !), il est tout entier dans ces quatre enfants des deux hommes qu'elle a eus dans sa vie.

LA MÈRE : Que j'ai eus, moi ? Tu as le front de dire que c'est moi qui les ai eus, comme si je les avais voulus ? C'est lui, monsieur ! C'est lui qui me l'a donné, cet autre, de force ! Il m'a obligée, il m'a obligée à partir avec l'autre !

LA BELLE-FILLE *(vivement, indignée)* : Ce n'est pas vrai !

LA MÈRE *(stupéfaite)* : Comment, ce n'est pas vrai ?

LA BELLE-FILLE : Ce n'est pas vrai ! Ce n'est pas vrai !

LA MÈRE : Et qu'est-ce que tu en sais, toi ?

LA BELLE-FILLE : Ce n'est pas vrai ! *(Au directeur :)* Ne la croyez pas ! Savez-vous pourquoi elle dit cela ? C'est à cause de lui ! *(Elle montre le Fils.)* Parce que son indifférence la ronge, la torture ; alors elle voudrait le persuader que si elle l'a abandonné à l'âge de deux ans, c'est qu'elle y a été obligée par lui. *(Elle montre le Père.)*

LA MÈRE *(avec force)* : Obligée, oui, obligée, j'en prends Dieu à témoin ! *(Au directeur :)* Demandez-lui *(elle montre son mari)* si ce n'est pas vrai ! Qu'il vous raconte toute l'histoire !... Elle *(elle montre sa fille)*, elle ne peut rien savoir de tout cela.

LA BELLE-FILLE : Je sais, en tout cas, que tant que mon père a vécu, tu as toujours été calme et heureuse. Ose dire le contraire !

LA MÈRE : Non, je ne dis pas le contraire...

LA BELLE-FILLE : Il était aux petits soins pour toi ! *(À l'Adolescent, rageusement :)* Ce n'est pas vrai, peut-être ? Mais dis-le donc ! Pourquoi ne dis-tu rien, idiot ?

LA MÈRE : Laisse-le tranquille, ce pauvre garçon ! Pourquoi veux-tu me faire passer pour une ingrate, ma fille ? Je ne voulais pas offenser ton père ! C'est à lui *(elle montre le Père)* que j'ai répondu que si j'ai quitté sa maison et mon fils, ce n'était ni par ma faute ni pour mon plaisir !

LE PÈRE : Elle dit la vérité, monsieur. C'est moi qui l'ai voulu.

Un temps.

LE GRAND PREMIER RÔLE MASCULIN *(à ses camarades)* : Drôle de spectacle !

LE GRAND PREMIER RÔLE FÉMININ : Et c'est eux qui le donnent, pour nous !

LE JEUNE PREMIER : Une fois n'est pas coutume !

LE DIRECTEUR *(de plus en plus intéressé)* : Silence ! Écoutons ça !

Il descend dans la salle et reste debout face au plateau, comme pour juger en spectateur de l'effet de cette scène.

LE FILS *(sans quitter sa place, lentement, d'un ton froid et ironique)* : C'est cela, écoutez : à présent nous allons avoir droit à un beau morceau de philosophie ! Thème : le Démon de l'Expérience.

LE PÈRE : Tu n'es qu'un cynique borné, je te l'ai dit cent fois ! *(Au directeur :)* Il se moque de moi à cause de cette phrase que j'ai trouvée pour m'excuser.

LE FILS *(avec mépris)* : Des phrases, oui !

LE PÈRE : Eh bien oui, des phrases ! Des phrases ! Comme si ce n'était pas un soulagement pour chacun de nous, devant un fait inexplicable, lorsque le mal est consommé, de trouver des mots qui ne veulent rien dire, mais qui nous apaisent !

LA BELLE-FILLE : Et qui apaisent les remords, aussi ! Et même surtout !

LE PÈRE : Les remords ? Non. Je ne les ai pas apaisés seulement avec des mots.

LA BELLE-FILLE : Bien sûr ! Avec un peu d'argent, aussi, avec un peu d'argent ! Avec les cent lires qu'il s'apprêtait à me donner en paiement, messieurs dames !

Mouvement d'horreur parmi les acteurs.

LE FILS *(à sa demi-sœur, avec mépris)* : Ça, c'est abject !

LA BELLE-FILLE : Abject ? Pourtant il était bien là, cet argent, dans une enveloppe bleue posée sur le guéridon d'acajou, dans l'arrière-boutique de madame Pace. Vous savez, monsieur : une de ces dames qui, sous couvert de vendre des « Articles de mode », attirent dans leurs soi-disant « ateliers » les jeunes filles comme moi, de bonne famille et sans le sou.

LE FILS : Et elle s'est acheté le droit de tyranniser tout le monde avec ces fameuses cent lires qu'il était sur le point de payer et que par bonheur – notez-le bien – il n'a pas eu ensuite de raison de payer.

LA BELLE-FILLE : Mais un peu plus et ça y était, tu sais ! *(Elle éclate de rire.)*

LA MÈRE *(indignée)* : Tu n'as pas honte, ma fille, tu n'as pas honte ?

LA BELLE-FILLE : Honte, moi ? Mais c'est ma vengeance ! Je brûle d'impatience, monsieur, je brûle de la vivre, cette scène ! Le salon… Ici, la vitrine des manteaux ; là, le canapé-lit ; le miroir ; un paravent ; et devant la fenêtre, ce guéridon d'acajou avec l'enveloppe bleue contenant les cent lires. Je la vois !

Je pourrais la prendre ! Seulement, là, il faudra tourner le dos, messieurs, car je suis quasiment nue ! Voyez, je ne rougis plus : c'est lui qui rougit, maintenant ! *(Elle montre le Père.)* Mais ce jour-là, je vous assure qu'il était pâle, vraiment tout pâle ! *(Au directeur :)* Vous pouvez me croire sur parole.

LE DIRECTEUR : Moi, je n'y comprends plus rien !

LE PÈRE : Parbleu ! Sous un tel déluge ! Exigez donc un peu de silence, monsieur, que je puisse parler, et ne faites pas attention aux horreurs qu'elle s'acharne à débiter contre moi sans fournir les explications nécessaires.

LA BELLE-FILLE : Ici on ne raconte pas ! On ne raconte pas !

LE PÈRE : Je ne raconte pas ! Je veux seulement expliquer.

LA BELLE-FILLE : Bien sûr ! À ta façon !

Le directeur remonte sur le plateau pour rétablir le calme.

LE PÈRE : Eh oui, tout le malheur est là ! Dans les mots ! Nous avons tous, au fond de nous, un monde de choses ; chacun son propre monde ! Alors comment arriver à s'entendre, monsieur, si moi je donne aux mots que je prononce la valeur et le sens des choses telles que je les ressens en moi, tandis que celui qui m'écoute les prend, forcément, dans le sens et avec la valeur qu'ils ont pour lui : ceux du monde qu'il porte en lui ! On croit se comprendre : on ne se comprend jamais ! Tenez : ma pitié, toute la pitié que j'éprouve pour cette femme *(il montre la Mère)*, eh bien elle y a vu la plus féroce des cruautés.

LA MÈRE : Mais enfin, tu m'as chassée !

LE PÈRE : Voilà, vous l'entendez ? Chassée ! Elle a cru que je la chassais !

LA MÈRE : Tu sais parler, toi ; moi pas… Mais croyez-moi, monsieur, après qu'il m'a épousée… Dieu sait pourquoi : je n'étais qu'une humble créature, une femme du peuple…

LE PÈRE : C'est précisément pour cela que je t'ai épousée ; c'est cette humilité qui m'a plu en toi. Je croyais… *(Il s'interrompt devant ses signes de dénégation ; il écarte les bras dans un geste de désespoir et, s'adressant au directeur :)* Non. Vous voyez : elle dit non ! C'est effrayant, monsieur, effrayant, sa surdité *(il se frappe le front)*, sa surdité mentale ! Du cœur, ça oui, elle en a, pour ses enfants ! Mais le cerveau ! Elle est sourde, monsieur, désespérément sourde !

LA BELLE-FILLE : Oui, mais à présent demandez-lui un peu de vous dire combien sa grande intelligence a été une chance pour nous.

LE PÈRE : Ah ! si l'on pouvait prévoir tout le mal qui peut naître du bien que nous croyons faire !

À ce moment le grand premier rôle féminin, agacée de voir le grand premier rôle masculin flirter avec la Belle-fille, s'approche et demande au directeur :

LE GRAND PREMIER RÔLE FÉMININ : Pardon, monsieur le directeur, mais est-ce que la répétition va se poursuivre ?

LE DIRECTEUR : Mais oui, mais oui ! Pour l'instant, laissez-moi écouter.

LE JEUNE PREMIER : C'est une situation tellement nouvelle !

LA JEUNE PREMIÈRE : Et tellement intéressante !

LE GRAND PREMIER RÔLE FÉMININ : Pour ceux que ça intéresse ! *(Elle lance un coup d'œil au grand premier rôle masculin.)*

LE DIRECTEUR *(au Père)* : Seulement, il faut vous expliquer clairement. *(Il s'assied.)*

LE PÈRE : Oui, bien sûr. Voyez-vous, monsieur, j'avais à mes côtés un pauvre garçon, mon employé, mon secrétaire, un homme entièrement dévoué, qui s'entendait en tout et sur tout avec elle *(il montre la Mère)*, mais attention : en tout bien tout honneur ; il était humble et bon comme elle, tous deux étaient incapables non seulement de faire le mal, mais même d'y penser !

LA BELLE-FILLE : Alors lui, il y a pensé pour eux – et il l'a fait !

LE PÈRE : C'est faux ! J'ai agi pour leur bien – et aussi pour le mien, oui, je l'avoue ! Les choses, monsieur, en étaient arrivées au point que je ne pouvais plus leur adresser la parole, à l'un comme à l'autre, sans qu'ils échangent aussitôt un coup d'œil d'intelligence. Elle cherchait aussitôt son regard, pour demander conseil, pour savoir comment il fallait prendre ce que j'avais dit, afin de ne pas m'irriter. Et cela suffisait, comprenez-vous, à me mettre dans un état de rage permanente, d'exaspération insupportable !

LE DIRECTEUR : Mais dites-moi : pourquoi ne pas le renvoyer, ce secrétaire ?

LE PÈRE : Très juste ! Je l'ai renvoyé, en effet ! Mais alors j'ai vu cette pauvre femme errer dans la maison comme une âme en peine, comme un de ces chiens perdus que l'on recueille par charité.

LA MÈRE : Et pour cause !

LE PÈRE *(vivement, se tournant vers elle comme pour devancer ce qu'elle va dire)* : Ton fils, n'est-ce pas ?

LA MÈRE : Avant cela, monsieur, il m'avait arraché mon fils.

LE PÈRE : Mais non par cruauté ! C'était pour qu'il grandisse sain et vigoureux au contact de la terre !

LA BELLE-FILLE *(ironique, montrant le Fils)* : Il n'y a qu'à le regarder !

LE PÈRE *(vivement)* : Ah, parce que c'est aussi ma faute, s'il est devenu ce qu'il est ? Voyez-vous, je l'avais mis en nourrice à la campagne, parce que sa mère, bien qu'issue du peuple, ne me semblait pas assez robuste. C'est pour les mêmes raisons que je l'avais épousée. Des lubies [1], peut-être, mais que voulez-vous ? j'ai toujours eu de ces maudites aspirations à une solide santé morale [2] ! *(À ces mots, la Belle-fille éclate à nouveau d'un rire strident.)* Mais faites-la taire ! C'est insupportable !

LE DIRECTEUR : Taisez-vous donc ! Laissez-moi écouter, bon Dieu !

À cette injonction [3], elle cesse tout à coup de rire et reprend aussitôt son attitude indifférente et lointaine. Le directeur redescend dans la salle pour juger de l'effet de la scène.

LE PÈRE : Donc, je n'ai plus pu supporter la vue de cette femme *(il montre la Mère)*. Mais croyez-moi, c'était moins la contrariété, l'impression d'étouffement – oui, d'étouffement – que je ressentais, que la peine qu'elle me faisait : elle me brisait le cœur.

LA MÈRE : Alors il m'a mise à la porte !

LE PÈRE : Oui, je l'ai envoyée chez cet homme, mais pourvue de tout le nécessaire, monsieur. C'était pour la libérer de moi !

LA MÈRE : Et se libérer lui-même !

LE PÈRE : C'est vrai, je l'admets ! Et il en est résulté beaucoup de mal. Mais je l'ai fait dans une bonne intention… et plus pour elle que pour moi, ça, je le jure ! *(Il croise les bras sur sa poitrine, puis s'adresse à la Mère :)* Est-ce que je t'ai jamais perdue de vue,

---

1. ***Lubies*** : idées saugrenues.
2. S'agit-il d'une allusion autobiographique de Pirandello dont la femme souffrait de démence ?
3. ***Injonction*** : ordre.

dis-moi, est-ce que je t'ai jamais perdue de vue, jusqu'à ce qu'un beau matin il t'emmène dans une autre ville, à mon insu, parce qu'il se faisait des idées, stupidement, à cause de l'intérêt que je continuais à vous manifester ? Un intérêt pur, monsieur, très pur, croyez-moi, dépourvu de toute arrière-pensée. Je m'intéressais avec une incroyable tendresse à cette nouvelle petite famille qui grandissait autour d'elle. Elle-même *(il montre la Belle-fille)* peut en témoigner !

LA BELLE-FILLE : Et comment ! Pensez donc : j'étais toute petite, avec des nattes dans le dos, des petites culottes qui dépassaient de ma robe, haute comme trois pommes. À la sortie de l'école, je le trouvais devant la porte. Il venait juste pour voir si je grandissais bien…

LE PÈRE : Ça, c'est de la perfidie ! C'est une infamie ! *(Il se tourne vers le directeur, avec agitation et, sur un ton d'explication :)* Après son départ, monsieur *(il montre la Mère)*, la maison me parut vide, tout à coup. Elle était pour moi un cauchemar, mais elle remplissait ma maison ! Resté seul, je me suis mis à errer dans toutes les pièces comme une mouche sans tête. Et celui-là *(il montre le Fils)*, qui avait été élevé loin de chez moi, eh bien, quand il est rentré, comment vous dire ? je n'ai plus eu l'impression que c'était mon fils. Sa mère n'était plus là pour faire le lien ; alors il a grandi tout seul, dans son coin, sans aucun rapport affectif ou intellectuel avec moi. C'est à ce moment-là (cela peut sembler bizarre, monsieur, mais c'est ainsi) que j'ai commencé à m'intéresser, puis à m'attacher à sa petite famille, à elle, cette famille que j'avais moi-même fondée. D'y penser, cela comblait le vide que je sentais autour de moi. J'avais besoin, absolument besoin de savoir qu'ils vivaient en paix, tout occupés aux petites choses de la vie quotidienne, heureux parce que en dehors et bien loin des complications et des tourments de mon esprit. Et c'est pour en avoir la preuve que j'allais voir cette fillette à la sortie de l'école.

■ Les Personnages (la Belle-fille, le Père et la Mère qui s'assoit) exposent leur drame au directeur et aux acteurs. Mise en scène d'Emmanuel Demarcy-Mota.
[Sur quoi les Personnages évoluent-ils ? Commentez la position de chacun d'entre eux. Que reflète-t-elle sur leur caractère ou leur statut dans le drame ?]

LA BELLE-FILLE : Oui ! Il me suivait, il me souriait et quand j'étais arrivée à la maison, il me faisait au revoir de la main, comme ça ! Je le regardais avec des yeux ronds, tout effarouchée. Je ne savais pas qui c'était ! Je l'ai dit à maman. Elle a dû comprendre tout de suite que c'était lui. *(La Mère approuve de la tête.)* Pour commencer, elle ne m'a plus envoyée à l'école pendant plusieurs jours. Quand j'y suis retournée, je l'ai revu à la sortie – il était d'un comique ! Il tenait à la main un gros paquet. Il s'est approché de moi, il m'a caressée et il a tiré du paquet une grande capeline [1] de paille, avec une guirlande de petites roses pompon – pour moi !

LE DIRECTEUR : Mais c'est du roman, tout ça !

LE FILS *(avec mépris)* : Mais oui, de la littérature ! de la littérature !

LE PÈRE : Comment ça, de la littérature ? C'est de la vie, monsieur ! De la passion !

LE DIRECTEUR : Possible : mais ce n'est pas du théâtre !

LE PÈRE : D'accord, monsieur ! Tout cela se passe bien avant. Et je ne prétends pas qu'on le représente. D'ailleurs, vous voyez bien *(il indique la Belle-fille)* que ce n'est plus une gamine avec des nattes dans le dos.

LA BELLE-FILLE : ... et des petites culottes qui dépassent !

LE PÈRE : Le drame, c'est maintenant qu'il arrive, monsieur ! Un drame neuf, complexe.

LA BELLE-FILLE *(sombre, farouche, s'avançant)* : À la mort de mon père...

LE PÈRE *(vivement, pour ne pas lui laisser le temps de parler)* : ... la misère, monsieur : ils reviennent ici, à mon insu. À cause de sa

1. ***Capeline*** : chapeau de femme à bords très larges et souples.

stupidité *(il montre la Mère)*. Elle sait à peine écrire ; mais elle aurait pu me faire écrire par sa fille, ou par ce garçon, qu'ils se trouvaient dans le besoin !

LA MÈRE : Voyons, monsieur, comment aurais-je pu deviner tous ces beaux sentiments ?

LE PÈRE : C'est précisément ton tort : tu n'as jamais deviné aucun de mes sentiments !

LA MÈRE : Après tant d'années, et tout ce qui s'était passé…

LE PÈRE : Est-ce ma faute, à moi, si ce brave homme vous a emmenés loin d'ici ? *(Au directeur :)* Du jour au lendemain, vous dis-je… parce qu'il avait déniché ailleurs je ne sais quel emploi. Je n'ai pas pu retrouver leurs traces. Alors, forcément, mon intérêt pour eux a diminué, au fil des ans. Et c'est à leur retour, monsieur, que le drame éclate, imprévu et violent, ce jour maudit où, cédant aux élans de cette chair misérable, encore exigeante… Ah ! oui, c'est une misère, une vraie misère, pour un homme seul qui n'a pas voulu de liaison dégradante, pas encore assez vieux pour se passer des femmes, et pas assez jeune non plus pour pouvoir s'en procurer facilement et sans honte. Une misère ? Que dis-je, une horreur, c'est une horreur, parce qu'aucune femme ne peut plus lui donner d'amour. – Quand on a compris cela, on devrait y renoncer… Seulement voilà ! chacun de nous, monsieur – extérieurement, devant les autres –, se drape dans sa dignité, mais il sait bien tout ce qui se passe d'inavouable au fond de lui-même. Alors on succombe, on succombe à la tentation, quitte à se relever aussitôt après, pour se hâter de reconstruire cette dignité, comme un bloc sans faille, comme une pierre tombale qui cache et ensevelit à nos propres yeux toute trace et jusqu'au souvenir de notre honte. C'est vrai pour tout le monde ! Il manque seulement le courage de les dire, ces choses-là !

LA BELLE-FILLE : Parce que le courage de les faire, ça, ils l'ont tous !

LE PÈRE : Oui, tous ! Mais en cachette ! C'est pourquoi il faut encore plus de courage pour les dire ! Car il suffit que quelqu'un les dise, et ça y est : on le traite de cynique. Mais ce n'est pas vrai, monsieur. Cet homme-là, il est comme tous les autres ; meilleur, même, car lui n'a pas peur de dévoiler en pleine lumière le rouge de la honte, qui se cache là, au fond de la bête humaine, qui ferme toujours les yeux pour ne pas le voir. La femme, tenez, la femme, comment se comporte-t-elle ? Elle vous regarde, aguichante, inviteuse. Vous la saisissez et à peine dans vos bras, la voilà qui ferme les yeux. C'est le signe de sa capitulation. Le signe par lequel elle dit à l'homme : « Aveugle-toi, moi je suis aveugle ! »

LA BELLE-FILLE : Et quand elle les garde bien ouverts ? Quand elle n'éprouve plus le besoin de se cacher à elle-même, en fermant les yeux, le « rouge de sa honte », et qu'elle voit au contraire, avec ses yeux désormais secs et impassibles, la rougeur de l'homme qui, même sans amour, s'est aveuglé ? Ah, quel dégoût alors, quel dégoût pour toutes ces complications intellectuelles, pour toute cette philosophie qui dénonce la bête et veut aussitôt après la sauver, l'excuser… Je ne supporte plus ses discours, monsieur ! Quand on est obligée de se la « simplifier », la vie – bestialement, oui – en jetant par-dessus bord tout ce fardeau « humain » : les chastes [1] aspirations, les sentiments purs, l'idéal, les devoirs, la pudeur, la honte, alors rien ne vous dégoûte plus, rien ne vous indigne davantage que certains remords : des larmes de crocodile !

LE DIRECTEUR : Au fait ! Venons-en au fait, mes amis ! Tout ça, c'est du bavardage !

---

1. ***Chastes*** : pures.

LE PÈRE : Soit, monsieur ! Mais un fait, c'est comme un sac : s'il est vide, il ne tient pas debout. Pour qu'il tienne debout, il faut d'abord y faire entrer la raison et les sentiments qui l'ont déterminé. Je ne pouvais pas savoir, moi, que cet homme était mort là-bas, ni qu'ils étaient rentrés ici, dans la misère, et que pour subvenir aux besoins de sa famille, elle *(il montre la Mère)* s'était mise à faire de la couture, et était allée travailler chez cette… chez cette madame Pace !

LA BELLE-FILLE : Couturière de luxe, messieurs dames, si cela vous intéresse ! Officiellement, elle est au service de ces dames de la bonne société. Mais elle s'est arrangée pour mettre à son service, à leur tour, ces respectables dames… sans compter les autres, un peu moins respectables !

LA MÈRE : Me croirez-vous, monsieur, si je vous dis que je n'ai pas soupçonné une minute que cette horrible femme me donnait du travail parce qu'elle avait des vues sur ma fille ?

LA BELLE-FILLE : Pauvre maman ! Vous savez ce qu'elle faisait, l'autre, quand je lui rapportais le travail de ma mère ? Elle me faisait constater tout ce qu'elle avait gâché comme tissu en le lui donnant à coudre, et elle défalquait[1], elle défalquait. Au bout du compte, vous comprenez, c'était à moi de payer. Et cette pauvre femme croyait se sacrifier pour moi et pour ces deux petits en passant ses nuits à coudre pour madame Pace !

Gestes et exclamations d'indignation chez les acteurs.

LE DIRECTEUR *(vivement)* : Et c'est là qu'un jour vous avez rencontré…

LA BELLE-FILLE *(montrant le Père)* : … Lui-même, en personne ! Un vieux client ! Vous verrez cette scène ! Elle est superbe !

---

1. ***Défalquait*** : déduisait. La Fille laisse entendre que madame Pace déduisait de la somme donnée à la Mère le coût du tissu gâché ; elle devait alors « rembourser » à la couturière l'argent déjà versé à la Mère.

LE PÈRE : Avec la mère qui survient tout à coup…

LA BELLE-FILLE *(vivement, perfidement)* : … presque à temps !

LE PÈRE *(criant)* : Non, à temps ! à temps ! Par bonheur, je la reconnais à temps ! Alors je les ramène tous à la maison, monsieur ! Imaginez à présent notre situation à tous deux, face à face. Elle, telle que vous la voyez, et moi qui n'ose plus la regarder en face !

LA BELLE-FILLE : Désopilant ! Mais comment pouvait-il exiger de moi, « après », que je me conduise comme une jeune fille modeste, bien élevée, vertueuse, conforme à ses satanées aspirations à « une robuste santé morale » ?

LE PÈRE : Tout mon drame est là, monsieur : dans la conscience que j'ai que chacun de nous, voyez-vous, s'imagine être « un seul », alors que ce n'est pas vrai : il est « plusieurs », monsieur, autant qu'il y a en nous de possibilités d'être. « Un seul » avec celui-ci, « un seul » avec un autre – mais tous différents ! Et tout cela en conservant l'illusion d'être toujours « un seul » pour tout le monde, cet « un seul » que nous croyons être dans tous nos actes. Mais c'est faux ! c'est faux ! Et nous nous en apercevons le jour où en agissant il nous arrive, par un hasard funeste, de rester soudain comme accrochés et suspendus : je veux dire, quand nous nous apercevons que nous ne sommes pas tout entiers dans cet acte, et qu'il serait horriblement injuste de nous juger sur ce seul acte, de nous maintenir accrochés et suspendus, comme cloués au pilori pour toute notre vie, comme si elle se résumait tout entière dans cet acte ! Comprenez-vous, maintenant, la perfidie de cette fille ? Elle m'a surpris dans un lieu et dans une attitude où elle n'aurait pas dû me connaître ; elle m'a vu tel que je ne pouvais pas être pour elle, et la réalité qu'elle veut m'imposer, jamais je n'aurais cru devoir l'assumer pour elle à cause d'un instant fugitif et honteux de ma vie ! C'est cela, monsieur, c'est cela que je ressens avant tout. Et vous verrez qu'à partir de là le drame prendra toute sa force. Mais il y a aussi la situation des autres ! La sienne… *(Il montre le Fils.)*

LE FILS *(haussant dédaigneusement les épaules)* : Laisse-moi tranquille ! Moi, je n'ai rien à voir dans tout ça !

LE PÈRE : Comment, tu n'as rien à y voir ?

LE FILS : Rien du tout ! Et je ne veux rien avoir à y voir, parce que tu sais très bien que ma place n'est pas parmi vous.

LA BELLE-FILLE : Nous, on est le *vulgum pecus*[1] ! Lui, c'est la fleur des pois[2] ! – Mais vous pouvez constater, monsieur, que chaque fois que je le regarde pour le clouer de mon mépris, il baisse les yeux. Il sait bien le mal qu'il m'a fait.

LE FILS *(la regardant à peine)* : Moi ?

LA BELLE-FILLE : Oui, toi, toi ! C'est à cause de toi, mon cher, que je fais le trottoir ! *(Gestes horrifiés des acteurs.)* Oui ou non, n'est-ce pas ton attitude qui a rendu impossible dans cette maison, je ne dis même pas l'intimité, mais cette chaleur humaine qui met les hôtes à leur aise ? Nous étions les intrus, venus envahir ton royaume de fils « légitime » ! Ah, monsieur, je voudrais que vous assistiez à ces petites scènes qu'on a eues, lui et moi, entre quatre-z-yeux ! Il prétend que je tyrannise tout le monde. Mais voyez-vous, c'est justement son attitude qui m'a amenée à me prévaloir de cette raison qu'il qualifie d'abjecte : la raison pour laquelle je suis entrée chez lui en maîtresse, avec ma mère qui est aussi la sienne !

---

1. *Vulgum pecus* : locution familière formée sur les mots latins *vulgus*, « foule », et *pecus*, « troupeau », pour désigner le commun des mortels, les ignorants.
2. *C'est la fleur des pois* : expression, employée ici de façon ironique, désignant un homme à la mode, élégant, recherché.

LE FILS *(s'avançant lentement)* : Ils ont beau jeu, monsieur ; contre moi la partie est facile. Mais imaginez un fils à qui il arrive un beau matin, alors qu'il vit tranquillement chez lui, de voir débarquer, l'air arrogant et « le front haut », une demoiselle qui demande à voir son père, à qui elle a à dire je ne sais quoi ; puis de la voir revenir, toujours avec le même air, accompagnée de cette fillette, et enfin de la voir traiter son père – Dieu sait pourquoi – d'une façon étrange et « expéditive », lui réclamant de l'argent sur un ton qui laisse supposer qu'il doit, oui, qu'il doit lui en donner, parce que c'est pour lui une obligation…

LE PÈRE : … Bien sûr, une obligation : c'est pour ta mère !

LE FILS : Et qu'est-ce que j'en sais, moi ? Quand est-ce que je l'ai vue, cette mère ? Quand est-ce que j'en ai entendu parler ? Et la voilà qui tombe du ciel, avec l'autre *(il montre la Belle-fille)*, avec ce garçon, avec cette petite fille. On me dit : « Oh, à propos ! C'est aussi ta mère ! » Je réussis enfin à entrevoir, d'après son comportement *(il montre à nouveau la Belle-fille)*, la raison pour laquelle ils sont arrivés à la maison, du jour au lendemain… Ce que j'éprouve, monsieur, ce que je ressens, je ne peux pas, je ne veux pas le représenter. Tout au plus pourrais-je le dire en confidence : mais je ne le voudrais pas, même pas à moi-même. Croyez-moi, monsieur, croyez-moi : scéniquement, je ne suis pas un personnage « abouti ». Et je me sens très mal, vraiment très mal avec ces gens-là ! Qu'on me fiche la paix !

LE PÈRE : Mais pardon ! Tu permets ! C'est précisément parce que tu es comme ça…

LE FILS *(avec une violence exaspérée)* : Et qu'en sais-tu, seulement, de ce que je suis ? Est-ce que tu t'es jamais soucié de moi ?

LE PÈRE : Admettons ! Admettons ! Eh bien, est-ce qu'il n'y a pas une situation, là aussi ? Cette façon de te tenir à l'écart, si cruelle pour moi, pour ta mère qui, de retour à la maison, te voit presque pour la première fois, devenu grand, et qui ne te connaît pas, mais qui sait que tu es son fils... *(Montrant la Mère au directeur :)* Tenez, vous voyez : elle pleure !

LA BELLE-FILLE *(furieuse, tapant du pied)* : Comme une idiote !

LE PÈRE *(la montrant elle aussi au directeur)* : Et ça, bien entendu, elle ne peut pas le supporter ! *(Parlant de nouveau du Fils :)* Lui, il prétend qu'il n'a rien à voir dans tout ça, mais il est presque le pivot de l'action ! Regardez ce jeune garçon, toujours dans les jupes de sa mère, craintif, humilié... C'est la faute de l'autre, s'il est comme ça ! La situation la plus pénible, c'est peut-être la sienne : il se sent étranger, plus encore que les autres. Et il éprouve, ce pauvre petit, un sentiment d'humiliation vraiment angoissant, d'être accueilli chez moi comme ça, par charité... *(En confidence :)* Tout le portrait de son père ! Humble, n'ouvrant jamais la bouche...

LE DIRECTEUR : Oh, mais ça ne fait pas mon affaire ! Vous n'avez pas idée du tracas que causent les enfants sur une scène !

LE PÈRE : Mais vous en serez vite débarrassé, vous savez ! Et de la fillette aussi : elle est même la première à disparaître...

LE DIRECTEUR : Alors c'est parfait ! Et je vous assure que tout cela m'intéresse, m'intéresse diablement. Je sens, oui, je sens qu'il y a là de quoi tirer un beau drame !

LA BELLE-FILLE *(tentant de se mêler à la conversation)* : Avec un personnage comme moi !

LE PÈRE *(la repoussant, et attendant avec anxiété la décision du directeur)* : Toi, tais-toi !

LE DIRECTEUR *(poursuivant, sans prendre garde à cette interruption)* : Oui, une situation originale...

LE PÈRE : Tout à fait originale, monsieur !

LE DIRECTEUR : Cela dit, il faut un fameux toupet, entre nous, pour venir déballer tout ça devant moi, comme vous le faites…

LE PÈRE : Il faut nous comprendre, monsieur : nés pour la scène, comme nous le sommes…

LE DIRECTEUR : Vous êtes des comédiens amateurs ?

LE PÈRE : Non. Si j'ai dit « nés pour la scène », c'est parce que…

LE DIRECTEUR : Allons, allons ! Vous avez déjà fait du théâtre !

LE PÈRE : Mais pas du tout, monsieur : tout au plus ces bouts de rôles que chacun se distribue à soi-même dans la vie, ou que les autres vous distribuent. Et chez moi, comme chez tout le monde, d'ailleurs, c'est la passion elle-même qui, voyez-vous, dès qu'on s'exalte, tend naturellement à devenir un peu théâtrale…

LE DIRECTEUR : C'est bon, c'est bon ! Mais vous comprendrez, mon cher ami, que sans auteur… Je pourrais vous adresser à quelqu'un…

LE PÈRE : Mais non, voyons : soyez vous-même notre auteur !

LE DIRECTEUR : Moi ? Qu'est-ce que vous me chantez là ?

LE PÈRE : Vous, oui, vous ! Pourquoi pas ?

LE DIRECTEUR : Parce que je n'ai jamais écrit de pièce !

LE PÈRE : Et qui vous empêche de l'écrire maintenant ? Ce n'est pas sorcier. Il y a des tas de gens qui le font ! Et votre tâche sera d'autant plus facile que nous sommes tous devant vous, bien vivants.

LE DIRECTEUR : Mais cela ne suffit pas !

LE PÈRE : Comment, cela ne suffit pas ? En nous voyant vivre notre drame…

LE DIRECTEUR : Certes ! Mais il faudra bien que quelqu'un l'écrive !

LE PÈRE : Non : tout au plus, le transcrive [1], en le voyant se dérouler sous ses yeux, en action, scène par scène. Il suffira de jeter sur le papier les grandes lignes du scénario, et aussitôt fait, on passe à la répétition !

LE DIRECTEUR *(tenté, remontant sur le plateau)* : Ma foi… je ne dis pas… Comme ça, pour voir… Après tout, on pourrait essayer…

LE PÈRE : Mais oui, monsieur ! Vous allez voir les scènes qu'on va en tirer ! Je peux vous les indiquer moi-même dès à présent !

LE DIRECTEUR : Vous me tentez… vous me tentez. On va essayer… Venez avec moi dans ma loge. *(Aux acteurs :)* Vous pouvez disposer, mais ne vous éloignez pas trop. On se retrouve ici dans un quart d'heure, vingt minutes. *(Au Père :)* On va voir, on va essayer… Qui sait, il pourrait en sortir quelque chose d'extraordinaire.

LE PÈRE : Sans aucun doute ! Il vaudrait mieux qu'ils viennent eux aussi *(il montre les autres Personnages)*, vous ne croyez pas ?

LE DIRECTEUR : Oui, qu'ils viennent, qu'ils viennent ! *(Il se dirige vers la sortie, puis revient s'adresser aux acteurs :)* Et surtout, soyez à l'heure, hein ? On se retrouve dans un quart d'heure.

Le directeur et les six Personnages traversent le plateau et sortent. Les acteurs, comme abasourdis, se regardent.

LE GRAND PREMIER RÔLE MASCULIN : Mais il parle sérieusement ? Qu'est-ce qu'il veut faire ?

LE JEUNE PREMIER : C'est de la folie furieuse !

---

1. On note ici le glissement sémantique qui s'est opéré du verbe « écrire » au verbe « transcrire ».

■ Les Personnages quittant la scène par un monte-charge, après avoir convaincu le directeur d'écrire leur drame. Mise en scène d'Emmanuel Demarcy-Mota.
[Comment interprétez-vous le choix du monte-charge et celui de l'éclairage ? Que tient la Fillette dans ses mains ? Quelle signification donnez-vous à ce détail ?]

UN TROISIÈME ACTEUR : Il veut nous faire improviser une pièce, comme ça, au pied levé !

LE JEUNE PREMIER : Oui ! Comme dans la commedia dell'arte[1] !

LE GRAND PREMIER RÔLE FÉMININ : Eh bien, s'il se figure que je vais me prêter à cette plaisanterie…

LA JEUNE PREMIÈRE : Et moi donc !

UN QUATRIÈME ACTEUR *(parlant des Personnages)* : Je me demande qui sont ces gens-là.

LE TROISIÈME ACTEUR : Qui veux-tu que ce soit ? Des fous ou des escrocs !

LE JEUNE PREMIER : Et lui, il accepte de les écouter ?

LA JEUNE PREMIÈRE : Par vanité ! La vanité de faire figure d'auteur…

LE GRAND PREMIER RÔLE MASCULIN : C'est inouï ! Eh bien, mes enfants, si le théâtre doit devenir ça…

UN CINQUIÈME ACTEUR : Moi, ça m'amuse.

LE TROISIÈME ACTEUR : Bah ! Attendons toujours de voir ce que ça va donner.

En échangeant ces propos, les acteurs quittent la scène, les uns par la porte du fond, les autres par celle des loges. Le rideau reste levé. La représentation reste interrompue pendant une vingtaine de minutes.
La sonnerie du théâtre prévient que le spectacle va reprendre. Par la porte des loges, par celle du plateau et aussi par la salle les acteurs, le régisseur, le chef machiniste, le souffleur, l'accessoiriste rentrent sur scène, tandis que le directeur et les six Personnages reviennent de la loge du directeur.
Les lumières s'éteignent dans la salle, le plateau s'éclaire comme auparavant.

1. ***Commedia dell'arte*** : genre de comédie italienne dans laquelle, le scénario étant seul réglé, les acteurs improvisent.

LE DIRECTEUR : Allons, mesdames et messieurs ! Tout le monde est là ? Attention, attention. On va commencer. Machiniste !

LE CHEF MACHINISTE : Me voilà !

LE DIRECTEUR : Installez tout de suite le décor du petit salon. Il suffira de deux portants [1] et d'une toile de fond avec la porte. Et faites vite, je vous prie !

Le chef machiniste sort en courant pour exécuter les ordres. Pendant que le directeur s'entretiendra avec le régisseur, l'accessoiriste, le souffleur et les acteurs de la représentation qui se prépare, le machiniste installera les éléments de décor demandés : deux portants et une toile de fond à rayures roses et or, avec une porte.

LE DIRECTEUR *(à l'accessoiriste)* : Voyez un peu au magasin [2] si on a un canapé lit.

L'ACCESSOIRISTE : Oui, monsieur, il y a le vert.

LA BELLE-FILLE : Vert ! Non, non. L'autre était en peluche jaune à fleurs, très large. Très, très confortable.

L'ACCESSOIRISTE : Ah ! un comme ça, nous n'en avons pas.

LE DIRECTEUR : Peu importe ! Mettez celui que nous avons.

LA BELLE-FILLE : Peu importe ? Le célèbre divan à deux places de madame Pace !

LE DIRECTEUR : C'est seulement pour répéter ! Ne vous mêlez pas de ça, s'il vous plaît ! *(Au régisseur :)* Voyez donc s'il y a une vitrine plutôt longue et basse.

LA BELLE-FILLE : Et le guéridon, le guéridon en acajou pour l'enveloppe bleue !

---

1. ***Portants*** : montants qui soutiennent un élément de décor, d'éclairage.
2. ***Magasin*** : réserve où sont entreposés les accessoires, les décors.

LE RÉGISSEUR *(au directeur)* : Il y a bien le petit guéridon doré.

LE DIRECTEUR : Ça ira, prenez celui-là !

LE PÈRE : Et un miroir.

LA BELLE-FILLE : Et le paravent ! Surtout le paravent : sinon, comment est-ce que je ferai ?

LE RÉGISSEUR : Entendu. Les paravents, c'est pas ce qui manque, soyez tranquille.

LE DIRECTEUR *(à la Belle-fille)* : Et aussi des porte manteaux, n'est-ce pas ?

LA BELLE-FILLE : Oui, des tas de porte manteaux !

LE DIRECTEUR *(au régisseur)* : Voyez ce qu'il y a, et faites-les apporter.

LE RÉGISSEUR : Je m'en occupe, monsieur !

Le régisseur se hâte d'aller exécuter les ordres. Pendant que le directeur parlera au souffleur, puis aux Personnages et aux acteurs, il fera apporter par le personnel sur le plateau les meubles demandés et les disposera de la manière qu'il juge la meilleure.

LE DIRECTEUR *(au souffleur)* : Vous, en attendant, prenez place. Tenez : voilà le scénario, acte par acte. *(Il lui tend quelques feuillets.)* Mais à présent, il va vous falloir exécuter un tour de force.

LE SOUFFLEUR : Prendre en sténo ?

LE DIRECTEUR *(agréablement surpris)* : Ah ! fort bien ! Vous connaissez la sténo ?

LE SOUFFLEUR : Je ne suis peut-être pas un bon souffleur, mais pour ce qui est de la sténo…

LE DIRECTEUR : Alors c'est parfait ! *(À un employé du théâtre :)* Allez chercher du papier dans ma loge, des tonnes de papier, tout ce que vous trouverez !

L'employé se précipite ; il revient peu après avec une rame de papier qu'il donne au souffleur.

LE DIRECTEUR *(toujours au souffleur)* : Suivez les scènes au fur et à mesure qu'elles se déroulent, et tâchez de noter les répliques, au moins les plus importantes ! *(Aux acteurs :)* Faites place, s'il vous plaît ! Tenez, mettez-vous là *(il indique le côté gauche)* et soyez très attentifs !

LE GRAND PREMIER RÔLE FÉMININ : Mais permettez, nous…

LE DIRECTEUR *(prévenant ce qu'elle va dire)* : Non, vous n'aurez pas à improviser, rassurez-vous !

LE GRAND PREMIER RÔLE MASCULIN : Et que devons-nous faire ?

LE DIRECTEUR : Rien du tout ! Pour l'instant, vous écoutez et vous regardez ! Plus tard, chacun aura son rôle écrit. Mais à présent on va faire, tant bien que mal, une répétition ! Et c'est eux qui vont répéter ! *(Il montre les Personnages.)*

LE PÈRE *(comme tombant des nues, au milieu de l'agitation qui règne sur le plateau)* : Nous, répéter ? Qu'entendez-vous par là ?

LE DIRECTEUR : Vous allez répéter – répéter pour eux ! *(Il montre les acteurs.)*

LE PÈRE : Mais puisque les personnages, c'est nous…

LE DIRECTEUR : « Les personnages », oui. Seulement, au théâtre, mon cher monsieur, ce ne sont pas les personnages qui jouent. Au théâtre, ce sont les comédiens. Les personnages, eux, ils sont là, dans le manuscrit *(il montre le trou du souffleur)* – quand il y a un manuscrit !

LE PÈRE : Mais justement il n'y en a pas. Et vous avez la chance d'avoir devant vous les personnages vivants...

LE DIRECTEUR : Ça, c'est la meilleure ! Alors vous voudriez tout faire ? Jouer la pièce, vous présenter vous-mêmes devant le public ?

LE PÈRE : Mais oui. Tels que nous sommes.

LE DIRECTEUR : Eh bien je vous garantis que ça donnerait un drôle de spectacle !

LE GRAND PREMIER RÔLE MASCULIN : Et nous, pendant ce temps-là, qu'est-ce qu'on ferait ?

LE DIRECTEUR : Vous ne vous figurez pas, j'espère, que vous savez jouer la comédie ! Vous êtes risibles... *(De fait, les acteurs rient.)* Vous voyez bien : ils rient ! *(Se souvenant :)* Mais oui, au fait ! il faut distribuer les rôles. Oh, c'est facile, ils sont distribués d'avance : *(au grand second rôle féminin)* vous, madame, vous serez *la Mère*. *(Au Père :)* Il faudra lui trouver un prénom.

LE PÈRE : Amélie, monsieur.

LE DIRECTEUR : Mais ça, c'est le nom de votre femme. On ne va tout de même pas l'appeler par son vrai nom !

LE PÈRE : Et pourquoi pas, s'il vous plaît ? puisque c'est le sien... Bien sûr, si c'est madame qui doit... *(Il désigne discrètement le grand second rôle féminin.)* Pour moi, Amélie, c'est celle-là *(il montre la Mère)*. Mais faites comme vous voulez... *(Se troublant de plus en plus :)* Je ne sais plus que vous dire... C'est comme si déjà... c'est drôle... mes propres paroles se mettaient à sonner faux.

LE DIRECTEUR : Pour ça, ne vous inquiétez pas, ne vous inquiétez pas ! Ce sera à nous de trouver le ton juste ! Quant au prénom, si vous tenez à « Amélie », alors va pour Amélie, ou bien on trouvera autre chose. Pour le moment, on désignera les personnages comme ça : *(au jeune premier :)* vous, le Fils ; *(au grand premier rôle féminin :)* vous, chère amie, *la Belle-fille*, cela va de soi.

LA BELLE-FILLE *(mise en gaieté)* : Hein ? Quoi ? C'est celle-là qui va être moi ? *(Elle éclate de rire.)*

LE DIRECTEUR *(furieux)* : Qu'est-ce qu'il y a de drôle ?

LE GRAND PREMIER RÔLE FÉMININ *(indignée)* : Personne n'a jamais osé rire de moi ! J'exige qu'on me respecte, sinon je m'en vais !

LA BELLE-FILLE : Mais non, excusez-moi, ce n'est pas de vous que je ris.

LE DIRECTEUR *(à la Belle-fille)* : Vous devriez vous estimer honorée d'avoir pour interprète…

LE GRAND PREMIER RÔLE FÉMININ *(vivement, avec aigreur)* : … « celle-là » !

LA BELLE-FILLE : Mais je ne disais pas ça contre vous, croyez-moi ! C'est seulement que moi, je ne me vois pas du tout en vous, voilà. Comment dire, vous… vous ne me ressemblez en rien !

LE PÈRE : Oui, c'est cela, monsieur ! Notre expression…

LE DIRECTEUR : … Votre expression ! Parce que vous croyez l'avoir en vous, votre expression ? Eh bien vous vous trompez !

LE PÈRE : Comment ! Nous n'avons pas en nous notre expression ?

LE DIRECTEUR : Pas du tout ! Votre expression, c'est pour nous un matériau auquel les comédiens donnent un corps et un visage, une voix et des gestes. D'ailleurs, soit dit en passant, ils ont déjà fait vivre des drames d'une autre ampleur : votre histoire est si mince que si elle arrive à tenir la scène, tout le mérite, croyez-moi, en reviendra à mes acteurs.

LE PÈRE : Je me garderai de vous contredire, monsieur. Mais soyez certain que c'est une horrible souffrance pour nous, tels que vous nous voyez, avec ce corps, cette figure…

LE DIRECTEUR *(l'interrompant avec impatience)* : … Mais pour la figure il y a le maquillage, cher monsieur ; le maquillage est là pour ça !

LE PÈRE : Bien sûr, mais la voix, les gestes…

LE DIRECTEUR : Oh, et puis finissons-en ! Sur la scène, en tant que vous-même, vous n'avez pas votre place ! Sur la scène, il y a le comédien qui vous représente, un point c'est tout !

LE PÈRE : Je comprends, monsieur. Et à présent je commence même à deviner aussi pourquoi notre auteur, qui nous a vus vivants tels que nous sommes, n'a pas voulu ensuite nous composer pour la scène. Je ne voudrais pas vexer vos comédiens, Dieu m'en garde ! Mais à l'idée de me voir représenter maintenant… je ne sais pas par qui…

LE GRAND PREMIER RÔLE MASCULIN *(se levant d'un air hautain et venant vers lui, suivi par les jeunes actrices tout égayées)* : Par moi, monsieur, si vous n'avez rien contre.

LE PÈRE *(humble et mielleux)* : Vous m'en voyez très honoré *(Il s'incline.)* Mais je crois que monsieur, même en déployant tous ses efforts et tout son talent pour m'accueillir en lui… *(Il se trouble.)*

LE GRAND PREMIER RÔLE MASCULIN : Oui ? Eh bien ?

Les actrices rient.

LE PÈRE : Eh bien, la représentation qu'il donnera de moi – même en s'efforçant de me ressembler grâce au maquillage –, étant donné sa taille, n'est-ce pas... *(tous les acteurs rient)*, pourra difficilement être à l'image de ce que je suis en réalité. Il sera plutôt – sans parler de la silhouette – celui qu'il interprétera comme étant moi, le personnage qu'il sentira – s'il me sent – et non pas celui que moi, je me sens intérieurement. Et il me semble que ceux qui seront appelés à juger du spectacle[1] devraient en tenir compte.

LE DIRECTEUR : Voilà que vous vous inquiétez de la critique, à présent ? Et moi qui restais là à vous écouter ! Mais laissez-la dire, la critique. Et occupons-nous plutôt de monter la pièce, si on y arrive ! *(Il s'écarte et jette un regard circulaire :)* Allons, allons ! Le décor est-il prêt ? *(Aux acteurs et aux Personnages :)* Dégagez le plateau, dégagez le plateau, que je voie ce que ça donne ! *(Il descend dans la salle.)* Nous avons assez perdu de temps ! *(À la Belle-fille :)* Vous pensez que ça pourra aller ?

LA BELLE-FILLE : À dire vrai, je ne m'y retrouve pas du tout.

LE DIRECTEUR : Et quoi encore ! Vous n'allez pas prétendre que l'on vous reconstruise ici, telle quelle, l'arrière-boutique de madame Pace que vous connaissez ! *(Au Père :)* Vous avez bien dit un petit salon à fleurs ?

LE PÈRE : Oui, monsieur. Sur fond blanc.

LE DIRECTEUR : Il n'est pas blanc ; c'est du papier à rayures, mais peu importe ! Quant aux meubles, en gros je pense que ça ira ! Un peu plus en avant, le guéridon ! *(Les employés s'exécutent.)*

---

1. ***À juger du spectacle*** : *a giudicare di noi* dans le texte italien, qui signifie littéralement « à nous juger », « à porter un jugement sur nous ». Il y a donc un nouveau malentendu entre le directeur, qui pense immédiatement à la critique (voir réplique suivante) et le Père, qui pense à ceux qui jugeront de la moralité de sa conduite et de celle de sa Belle-fille.

(À l'accessoiriste :) Vous, pendant ce temps-là, trouvez-moi une enveloppe, bleue si possible, et donnez-la à monsieur. *(Il montre le Père.)*

L'ACCESSOIRISTE : Une enveloppe de lettre ?

LE DIRECTEUR ET LE PÈRE : Oui, de lettre, de lettre.

L'ACCESSOIRISTE : Tout de suite ! *(Il sort.)*

LE DIRECTEUR : Allons-y, allons-y ! La scène un est celle de mademoiselle. *(Le grand premier rôle féminin s'avance.)* Non, pas vous, attendez ! Elle ! *(Il montre la Belle-fille.)* Vous, pour le moment, vous regardez…

LA BELLE-FILLE *(enchaînant)* : … comment je vais la vivre, cette scène !

LE GRAND PREMIER RÔLE FÉMININ *(piquée)* : Mais moi aussi, je saurai la vivre, soyez tranquille, quand je m'y mettrai !

LE DIRECTEUR *(se prenant la tête à deux mains)* : Pitié ! Assez de bavardages ! Donc, la première scène est celle de mademoiselle avec madame Pace. Au fait… *(Il se trouble, regarde autour de lui et remonte sur le plateau.)* Où est-elle donc, cette madame Pace ?

LE PÈRE : Elle n'est pas avec nous, monsieur.

LE DIRECTEUR : Alors comment va-t-on faire ?

LE PÈRE : Mais elle est vivante, elle aussi, bien vivante !

LE DIRECTEUR : Bon ! Mais où est-elle ?

LE PÈRE : Attendez, laissez-moi faire. *(S'adressant aux actrices :)* Si ces dames avaient l'obligeance de me prêter un instant leurs chapeaux…

LES ACTRICES *(un peu surprises, avec de petits rires, en chœur)* : Quoi ? – Il veut nos chapeaux ? – Qu'est-ce qu'il dit ? – Pour quoi faire ? – Ça alors !

LE DIRECTEUR : Que voulez-vous faire avec les chapeaux de ces dames ?

Les acteurs rient.

LE PÈRE : Oh, juste les accrocher un moment à ces patères[1]. Si quelques-unes de ces dames pouvaient avoir la gentillesse d'ôter aussi leurs manteaux.

LES ACTEURS *(même jeu)* : Les manteaux aussi ? – Et quoi d'autre ? – Mais c'est un fou !

QUELQUES ACTRICES *(même jeu)* : Mais pour quoi faire ? – Rien que le manteau ?

LE PÈRE : Pour les suspendre, rien qu'un instant... Faites-moi cette grâce. Vous voulez bien ?

LES ACTRICES *(elles ôtent leur chapeau, certaines enlèvent aussi leur manteau, tout en continuant à rire, et vont les accrocher çà et là aux portemanteaux)* : Et pourquoi pas ? – Voilà ! – Vous savez qu'il est vraiment drôle ! – Il faut les disposer comme pour un étalage ?

LE PÈRE : C'est cela même, madame : comme en vitrine !

LE DIRECTEUR : Mais enfin, pour quoi faire ?

LE PÈRE : Eh bien, monsieur, peut-être qu'en soignant le décor, attirée par les objets mêmes de son commerce, elle viendra nous rejoindre, qui sait... *(Les invitant tous à regarder vers la porte du fond :)* Regardez ! regardez !

---

1. ***Patères*** : pièces de bois ou de métal fixées au mur, qui servent à suspendre des vêtements ou, ici, des chapeaux.

La porte du fond s'ouvre, et madame Pace s'avance de quelques pas. C'est une énorme et grasse mégère, coiffée d'une imposante perruque de laine couleur carotte et portant sur l'oreille, à la mode espagnole, une rose d'un rouge éclatant. Elle est outrageusement fardée[1] *et vêtue avec une élégance ridicule de soie d'un rouge criard. Elle tient un éventail de plumes et, dans l'autre main, une cigarette allumée. À son apparition, les acteurs et le directeur poussent un hurlement d'épouvante et, fuyant le plateau, se précipitent dans la salle par l'escalier ; ils font mine de s'enfuir par l'allée centrale. La Belle-fille, elle, accourt vers madame Pace, humblement, comme une employée devant sa patronne.*

LA BELLE-FILLE *(accourant)* : La voici ! La voici !

LE PÈRE *(rayonnant)* : C'est elle ! Qu'est-ce que je vous disais ? La voici !

LE DIRECTEUR *(revenu de sa stupeur, indigné)* : Mais qu'est-ce que c'est que cette mascarade[2] ?

LE GRAND PREMIER RÔLE MASCULIN *(presque en même temps)* : Mais où sommes-nous, à la fin ?

LE JEUNE PREMIER *(même jeu)* : D'où elle sort, celle-là ?

LA JEUNE PREMIÈRE *(même jeu)* : Ils la gardaient en réserve !

LE GRAND PREMIER RÔLE FÉMININ *(même jeu)* : Un vrai tour de passe-passe !

LE PÈRE *(dominant ces protestations)* : Permettez, permettez ! Pourquoi voudriez-vous gâcher, au nom d'une vérité vulgaire, palpable, ce prodige d'une réalité qui naît, évoquée, attirée, façonnée par le décor lui-même ? Une réalité qui, bien plus que vous, a le droit de vivre sur la scène parce qu'elle est beaucoup plus vraie que vous ? Quelle est l'actrice qui, parmi vous, va jouer madame Pace ? Eh bien, madame Pace, la

---

1. ***Fardée*** : maquillée.
2. ***Mascarade*** : ici, mise en scène trompeuse.

voilà ! Vous m'accorderez que la comédienne qui jouera son rôle sera moins vraie que celle-là, qui est elle-même en personne ! Vous voyez : ma fille l'a reconnue et s'est tout de suite approchée d'elle ! Regardez, regardez donc la scène !

Hésitants, le directeur et les acteurs remontent sur le plateau. Entre-temps la scène entre la Belle-fille et madame Pace a déjà commencé, à mi-voix, très bas, bref comme dans la vie, c'est-à-dire comme il serait impossible de la représenter au théâtre. Aussi, quand les acteurs, sur l'injonction du Père, se tournent pour regarder, en voyant madame Pace prendre la Belle-fille par le menton pour l'obliger à lever la tête, et en l'entendant parler d'une façon absolument inintelligible, ils restent un moment attentifs puis, aussitôt après, ils expriment leur déception.

LE DIRECTEUR : Et alors ?

LE GRAND PREMIER RÔLE MASCULIN : Mais qu'est-ce qu'elle dit ?

LE GRAND PREMIER RÔLE FÉMININ : On n'entend rien du tout !

LE JEUNE PREMIER : Plus fort ! Plus fort !

LA BELLE-FILLE *(quittant madame Pace, qui affiche un sourire grotesque, et s'avançant vers le groupe des acteurs)* : Comment ça, « plus fort » ! Ce ne sont pas des choses que l'on peut dire à tue-tête ! Moi, j'ai pu les crier pour lui faire honte *(elle montre le Père)*, afin de me venger ! Mais pour Madame, c'est une autre affaire, messieurs dames : elle risque la prison !

LE DIRECTEUR : Vraiment ? Elle est bien bonne ! Mais ici, il faut qu'on vous entende, ma chère ! Nous-mêmes, sur ce plateau, nous n'entendons rien ! Alors le public, dans la salle, vous pensez ! Cette scène, il faut la jouer. D'ailleurs, entre vous, vous pouvez bien parler tout haut. Nous ne serons pas là, comme à présent, en train de vous écouter. Faites comme si vous étiez seules, dans le salon de l'arrière-boutique, et que personne ne puisse vous entendre.

La Belle-fille, gentiment, avec un sourire malicieux, remue le doigt plusieurs fois pour faire signe que non.

LE DIRECTEUR : Et pourquoi non ?

LA BELLE-FILLE *(à mi-voix, l'air mystérieux)* : Si elle parle trop fort, monsieur *(elle montre madame Pace)*, il y a quelqu'un qui nous entendra !

LE DIRECTEUR *(plongé dans la consternation)* : Ah ? parce qu'il y a encore quelqu'un d'autre qui doit débarquer ?

Les acteurs font mine de s'enfuir du plateau.

LE PÈRE : Non, monsieur, non. C'est de moi qu'il s'agit. Je dois me trouver derrière cette porte, en train d'attendre. Madame le sait. Et même, avec votre permission, je vais m'apprêter à faire mon entrée.

Il fait mine de s'éloigner.

LE DIRECTEUR *(l'arrêtant)* : Non, attendez ! Ici, on doit respecter les exigences du théâtre ! Avant de faire votre entrée…

LA BELLE-FILLE *(l'interrompant)* : Mais si ! Tout de suite ! Tout de suite ! Je vous dis que je meurs d'envie de la vivre, de la voir, cette scène ! S'il dit qu'il est prêt, moi je suis mille fois prête !

LE DIRECTEUR *(criant)* : Soit ! Mais auparavant il faut qu'elle ait pris forme, cette scène entre vous et cette dame *(il montre madame Pace)*. Allez-vous le comprendre, oui ou non ?

LA BELLE-FILLE : Ma foi, monsieur, elle m'a dit ce que vous savez déjà : que maman, une fois de plus, a mal fait son travail, que le tissu est abîmé, et que si je veux qu'elle continue à nous aider, il faut me faire une raison.

MADAME PACE *(s'avançant, gonflée d'importance)* : Si, señor ; porqué yé né veux pas m'aprovéchar, m'avantagear…

LE DIRECTEUR *(atterré)* : Quoi ? Quoi ? C'est comme ça qu'elle parle ?

Tous les acteurs éclatent bruyamment de rire.

LA BELLE-FILLE *(riant elle aussi)* : Oui, monsieur, elle parle comme ça, moitié espagnol moitié français ; c'est à mourir de rire !

MADAME PACE : Ah, ça mé paraît pas muy poli que vosotros vous riez de moi, quand yé m'efforce dé hablar francès dou mieux qué yé peux, señor[1] !

LE DIRECTEUR : Mais pas du tout ! Au contraire ! Parlez comme ça ! Parlez comme ça, madame ! L'effet est garanti ! On ne pourrait trouver mieux, comme note comique, pour atténuer un peu la crudité de la situation. Continuez, continuez comme ça ! C'est parfait !

LA BELLE-FILLE : Parfait ? Pour ça, oui ! Quand on s'entend faire certaines propositions dans un pareil baragouin, l'effet est garanti, ça oui : on croit que c'est une farce ! On se met à rire, quand on s'entend dire qu'il y a « oune bieil señor[2] » qui voudrait « s'amouser avec migo[3] » – pas vrai, madame ?

MADAME PACE : Bieil, oui, bieil, ma yolie ; mais c'est mejor para ti : s'il té plaît pas, au moins il té porte proudencia[4] !

LA MÈRE *(se révoltant, à la stupeur et à la consternation de tous les acteurs, qui ne faisaient pas attention à elle et qui, en l'entendant crier, se précipitent en riant pour la retenir, car entre-temps elle aura arraché sa perruque à madame Pace et l'aura jetée par terre)* : Sorcière ! Sorcière ! Monstre ! Ma fille !

---

1. ***Ah, ça mé paraît* [...] *señor*** : « Ah, ça ne me paraît pas très poli que vous autres vous riiez de moi, quand je m'efforce de parler français du mieux que je peux, monsieur ! »
2. ***Oune bieil señor*** : « un vieux monsieur ».
3. ***S'amouser avec migo*** : « s'amuser avec moi ».
4. ***Bieil* [...] *proudencia*** : « Vieux, oui vieux, ma jolie ; mais c'est mieux pour toi : s'il te plaît pas, au moins il te porte à la prudence. »

LA BELLE-FILLE *(accourant pour la retenir)* : Non, maman, non ! Je t'en supplie !

LE PÈRE *(accourant en même temps)* : Calme-toi, calme-toi ! Va te rasseoir !

LA MÈRE : Alors, ôtez-là de devant mes yeux !

LA BELLE-FILLE *(au directeur, accouru lui aussi)* : Il est impossible, impossible que maman soit là !

LE PÈRE *(au directeur)* : Elles ne peuvent pas être là ensemble ! C'est la raison pour laquelle, voyez-vous, elle n'était pas avec nous quand nous sommes arrivés ! Si elles se trouvent ensemble, vous comprenez, ça coupe court à toute la scène.

LE DIRECTEUR : Peu importe ! peu importe ! Pour le moment, ce n'est qu'une première ébauche ! Tout cela peut servir ; ça me permet de saisir, dans les grandes lignes, l'ensemble de la situation. *(S'adressant à la Mère, tout en la reconduisant à sa place :)* Allons, madame, calmez-vous, calmez-vous : veuillez vous rasseoir !

Pendant ce temps la Belle-fille, revenant au milieu du plateau, s'adresse à madame Pace.

LA BELLE-FILLE : Eh bien, madame, allons-y.

MADAME PACE *(vexée)* : Ah non, muchas gracias [1] ! Moi yé né fais plous rien si ta mère elle est là.

LA BELLE-FILLE : Dans ce cas, faites entrer le « bieil señor » qui doit « s'amouser avec migo » ! *(Se tournant vers tous les autres, impérieuse :)* Il faudra bien finir par la jouer, cette scène ! Alors jouons-la ! *(À madame Pace :)* Et vous, allez-vous-en !

1. ***Muchas gracias*** : « grand merci ».

MADAME PACE : Yé mé voy, yé mé voy, pour sour qué yé mé voy[1]...

Furieuse, elle sort en ramassant sa perruque et en regardant d'un œil mauvais les acteurs, qui l'applaudissent en ricanant.

LA BELLE-FILLE *(au Père)* : Et vous, faites votre entrée ! Pas besoin de faire le tour ! Venez ici ! Faites comme si vous veniez d'entrer ! Bon : moi je suis là, baissant la tête – la modestie en personne ! Allez, ouvrez donc la bouche ! Dites-moi bonjour, avec la voix convenue du monsieur en visite : « Bonjour, mademoiselle... »

LE DIRECTEUR *(déjà redescendu dans la salle)* : Non, mais dites donc ? Qui est-ce qui dirige la répétition ? C'est vous ou c'est moi ? *(Au Père qui le regarde, indécis :)* Bon, faites ce qu'elle dit. Remontez au fond, sans sortir, et revenez au premier plan.

Le Père, l'air un peu égaré, s'exécute. Il est très pâle, mais déjà pénétré de la réalité de sa vie de Personnage ; il sourit en s'avançant sur le plateau, comme s'il était encore étranger au drame qui va s'abattre sur lui. Les acteurs accordent aussitôt toute leur attention à la scène qui commence.

LE DIRECTEUR *(à voix basse, rapidement, au souffleur)* : Et vous, à présent, notez bien tout, hein ?

LA SCÈNE

LE PÈRE *(s'avançant, sur un ton convenu)* : Bonjour, mademoiselle.

LA BELLE-FILLE *(baissant la tête avec un dégoût contenu)* : Bonjour.

LE PÈRE *(il la dévisage un moment, sous le chapeau qui cache son visage. Voyant qu'elle est toute jeune, il s'exclame, comme pour lui-même, avec un mélange de satisfaction et de crainte de se trouver compromis dans*

---

1. ***Yé mé voy [...] qué yé mé voy...*** : « Je m'en vais, je m'en vais, pour sûr que je m'en vais... »

une aventure dangereuse) : Ah ! – Mais… dites-moi, ce n'est pas la première fois, n'est-ce pas, que vous venez ici ?

LA BELLE-FILLE *(même jeu)* : Non, monsieur.

LE PÈRE : Vous y êtes déjà venue d'autres fois ? *(La Belle-fille fait oui de la tête.)* Plus d'une fois ? *(Il attend un moment la réponse ; il la regarde de nouveau par-dessous son chapeau ; il sourit, puis il dit :)* Eh bien, en ce cas… vous ne devriez plus être aussi… Vous permettez que je vous ôte votre petit chapeau ?

LA BELLE-FILLE *(vivement, pour prévenir son geste, mais en contenant toujours son dégoût)* : Non, monsieur, je l'enlèverai moi-même ! *(Elle s'exécute, avec des gestes saccadés.)*

La Mère, qui assiste à la scène, ainsi que le Fils et ses deux autres enfants qui lui sont plus proches et qui se tiendront toujours à ses côtés, tous quatre du côté opposé à celui des acteurs, est comme sur des charbons ardents. Elle suit les paroles et les gestes des deux Personnages avec une expression qui traduit tour à tour la douleur, l'indignation, l'angoisse, l'horreur ; parfois elle cache son visage dans ses mains, parfois elle pousse un gémissement.

LA MÈRE : Oh, mon Dieu ! Mon Dieu !

LE PÈRE *(en entendant ce gémissement, il reste comme pétrifié pendant un bon moment ; puis il reprend, sur le même ton que précédemment)* : Tenez… donnez-le-moi, je vais l'accrocher moi-même. *(Il lui prend le chapeau des mains.)* Mais sur une aussi jolie petite tête, j'aimerais voir un plus beau chapeau. Vous voudrez bien m'aider à en choisir un, tout à l'heure, parmi les modèles de Madame ? Non ?

LA JEUNE PREMIÈRE *(l'interrompant)* : Eh là ! doucement ! Ils sont à nous, ces chapeaux !

LE DIRECTEUR *(vivement, furieux)* : Silence, bon Dieu ! Ce n'est pas le moment de faire de l'esprit ! – Ça fait partie de la scène ! *(S'adressant à la Belle-fille :)* Enchaînez, mademoiselle, je vous prie !

LA BELLE-FILLE *(enchaînant)* : Non, monsieur, merci.

LE PÈRE : Voyons, vous n'allez pas me faire ça ! Vous allez accepter, sinon je me vexerais... Il y en a de très jolis, regardez ! Et puis ça fera plaisir à Madame. C'est pour cela qu'elle les expose ici !

LA BELLE-FILLE : Non, monsieur. Voyez-vous, je ne pourrais même pas le porter.

LE PÈRE : À cause de ce qu'on penserait chez vous, en vous voyant rentrer avec un chapeau neuf ? Allons donc ! Vous devez savoir vous y prendre... dire ce qu'on dit dans ces cas-là à ses parents...

LA BELLE-FILLE *(agitée et exaspérée)* : Mais ce n'est pas pour ça, monsieur ! Je ne pourrais pas le porter parce que je suis... vous le voyez bien : vous auriez déjà dû vous en apercevoir ! *(Elle montre sa robe de deuil.)*

LE PÈRE : En deuil, ah oui ! Excusez-moi. En effet, je vois. Je vous demande pardon. Vous m'en voyez vraiment désolé.

LA BELLE-FILLE *(faisant un effort et s'enhardissant pour dominer son mépris et son dégoût)* : Ce n'est rien, monsieur, ce n'est rien ! C'est à moi de vous remercier, pas à vous d'être désolé ou attristé. Ne pensez plus à ce que je vous ai dit. Pour moi aussi, vous comprenez... *(S'efforçant de sourire, elle ajoute :)* Il faut absolument que j'oublie que je suis habillée ainsi.

LE DIRECTEUR *(vivement, au souffleur, tout en remontant sur le plateau)* : Minute ! Minute ! N'écrivez pas ! Sautez cette dernière réplique ! *(Au Père et à la Belle-fille :)* Ça va très bien ! Ça va très bien ! *(Au Père seul :)* Et là, vous enchaînez comme convenu ! *(Aux acteurs :)* Très réussie, la petite scène du chapeau, vous ne trouvez pas ?

LA BELLE-FILLE : Mais le plus beau reste à venir ! Pourquoi est-ce qu'on ne continue pas ?

LE DIRECTEUR : Un peu de patience ! *(Aux acteurs :)* Bien sûr, il faudra y introduire un peu de légèreté…

LE GRAND PREMIER RÔLE MASCULIN : … De la désinvolture, oui…

LE GRAND PREMIER RÔLE FÉMININ : Mais oui, c'est simple comme bonjour ! *(Au grand premier rôle masculin :)* On pourrait répéter tout de suite, non ?

LE GRAND PREMIER RÔLE MASCULIN : Moi, je veux bien… Tenez, je vais faire le tour pour mon entrée ! *(Il sort pour aller se placer derrière la porte du fond, prêt à rentrer.)*

LE DIRECTEUR *(au grand premier rôle féminin)* : Bon, alors écoutez-moi : la scène entre vous et madame Pace est finie. Je la rédigerai plus tard. Vous, vous êtes là… Mais où allez-vous ?

LE GRAND PREMIER RÔLE FÉMININ : Une minute, je remets mon chapeau… *(Elle va prendre son chapeau au portemanteau, puis revient.)*

LE DIRECTEUR : Ah oui, c'est juste ! – Donc, vous êtes là, baissant la tête.

LA BELLE-FILLE *(amusée)* : Mais elle n'est pas en deuil !

LE GRAND PREMIER RÔLE FÉMININ : Je le serai, habillée en deuil, et plus convenablement que vous !

LE DIRECTEUR *(à la Belle-fille)* : Silence, je vous prie ! Et regardez la scène ! Vous pourrez en prendre de la graine ! *(Frappant dans ses mains :)* Allons-y ! Allons-y ! Faites votre entrée !

Il redescend dans la salle pour juger de l'effet de la scène. La porte du fond s'ouvre et le grand premier rôle masculin s'avance, avec l'air dégagé et polisson d'un vieux beau. Interprétée par les acteurs, cette scène doit apparaître, dès les premières répliques, comme une chose tout à fait différente, sans avoir cependant, si peu que ce soit, l'air d'une parodie : plutôt d'une version enjolivée. Naturellement, comme on le verra plus loin, la Belle-fille et le Père, ne pouvant absolument pas se reconnaître dans les acteurs, et entendant prononcer leurs propres paroles, manifesteront de diverses manières : gestes, sourires ou franches protestations, leur surprise, leur ahurissement, leur souffrance, etc. On entendra distinctement la voix du souffleur.

LE GRAND PREMIER RÔLE MASCULIN : « Bonjour, mademoiselle... »

LE PÈRE *(vivement, sans pouvoir se contenir)* : Mais non !

La Belle-fille, en voyant le comédien entrer de cette façon, a éclaté de rire.

LE DIRECTEUR *(furieux)* : Allez-vous vous taire ! Et vous, cessez de rire, à la fin ! On ne peut pas travailler dans ces conditions !

LA BELLE-FILLE *(venant de l'avant-scène)* : Pardon, monsieur, mais c'est bien naturel ! Mademoiselle *(elle montre l'actrice)* est là, immobile, tout à fait comme il faut. Mais si elle doit être moi, je peux vous assurer qu'en m'entendant dire « bonjour » de cette façon et sur ce ton, moi, j'aurais éclaté de rire... et c'est ce que j'ai fait !

LE PÈRE *(s'avançant un peu lui aussi)* : Oui, n'est-ce pas... l'air, le ton...

LE DIRECTEUR : L'air ! Le ton ! Et puis quoi encore ! Pour le moment, écartez-vous, et laissez-moi voir la répétition !

LE GRAND PREMIER RÔLE MASCULIN : Si je dois interpréter un homme âgé, qui se rend dans une maison louche...

LE DIRECTEUR : Mais bien sûr ! Ne faites donc pas attention ! Enchaînez, enchaînez, ça va très bien ! *(Attendant que l'acteur reprenne :)* Donc...

LE GRAND PREMIER RÔLE MASCULIN : « Bonjour, mademoiselle... »

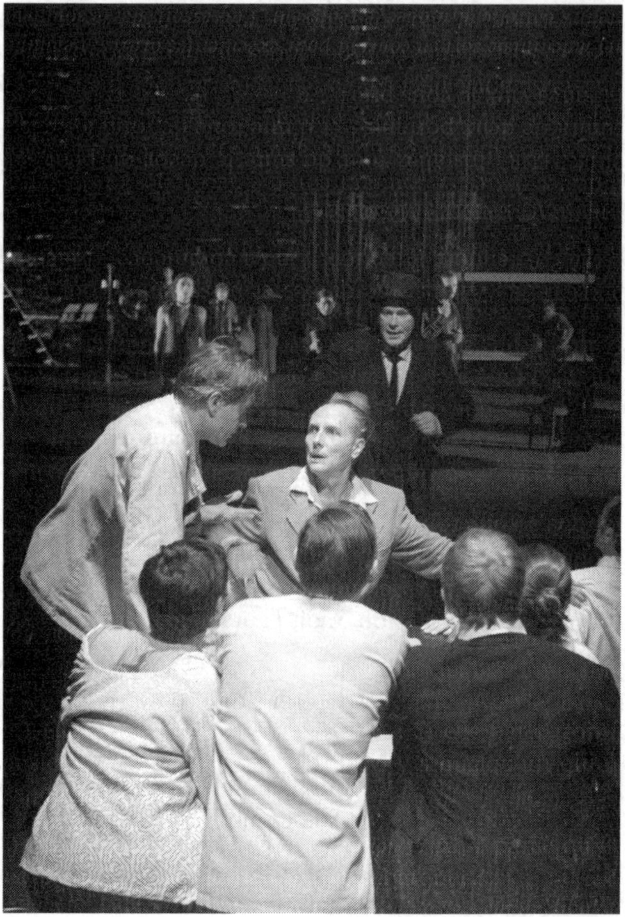

■ Concertation des acteurs et du directeur. Au centre, le comédien qui doit interpréter le Père. Mise en scène d'Emmanuel Demarcy-Mota. [Que vous inspire la distinction entre le premier plan et le plan éloigné ? Interprétez la place du Père (avec le chapeau). Commentez le choix des costumes des comédiens.]

LE GRAND PREMIER RÔLE FÉMININ : « Bonjour... »

LE GRAND PREMIER RÔLE MASCULIN *(refaisant le geste du Père, c'est-à-dire regardant le visage de la Belle-fille sous le chapeau, mais exprimant ensuite de façon très distincte d'abord la satisfaction, puis la crainte)* : « Ah... Mais... dites-moi, ce n'est pas la première fois, j'espère... »

LE PÈRE *(rectifiant sans pouvoir s'en empêcher)* : Non, pas « j'espère ». « N'est-ce pas ? », « N'est-ce pas ? »

LE DIRECTEUR : Il dit « N'est-ce pas ». Interrogatif.

LE GRAND PREMIER RÔLE MASCULIN *(montrant le trou du souffleur)* : Moi, j'ai entendu « j'espère » !

LE DIRECTEUR : Mais oui : « n'est-ce pas », « j'espère », c'est du pareil au même ! Enchaînez, enchaînez. Attendez : un peu moins appuyé, peut-être... Tenez, je vais vous montrer, regardez... *(Il remonte sur le plateau, puis il rejoue lui-même le rôle à partir de l'entrée :)* « Bonjour, mademoiselle... »

LE GRAND PREMIER RÔLE FÉMININ : « Bonjour... »

LE DIRECTEUR : « Ah... Mais... dites-moi, ce n'est pas la première fois, n'est-ce pas ?, que vous venez ici... » *(S'adressant de nouveau à l'acteur, avec un regard entendu :)* Vous saisissez ? *(Au grand premier rôle féminin :)* Et vous, à ce moment-là : « Non, monsieur. » *(À l'acteur :)* Bref, comment dirai-je ? Tout *en souplesse* [1] ! *(Il redescend dans la salle.)*

LE GRAND PREMIER RÔLE FÉMININ : « Non, monsieur... »

LE GRAND PREMIER RÔLE MASCULIN : « Vous y êtes déjà venue d'autres fois ? Plus d'une fois ? »

---

1. En français dans le texte italien.

LE DIRECTEUR : Attendez, attendez ! *(Montrant l'actrice :)* Laissez-lui le temps de faire signe que oui. « Vous y êtes déjà venue d'autres fois ? »

Le grand premier rôle féminin lève un peu la tête, les yeux mi-clos, comme avec dégoût. Quand le directeur lui dit « Baissez ! », elle hoche la tête deux fois.

LA BELLE-FILLE *(n'y tenant plus)* : Seigneur ! *(Elle met la main sur sa bouche pour étouffer son rire.)*

LE DIRECTEUR *(se retournant)* : Qu'est-ce qu'il y a ?

LA BELLE-FILLE : Rien, rien !

LE DIRECTEUR *(à l'acteur)* : À vous, c'est à vous, enchaînez !

LE GRAND PREMIER RÔLE MASCULIN : « Plus d'une fois ? Alors, voyons… vous ne devriez plus être aussi… Vous permettez que je vous ôte votre petit chapeau ? »

Le comédien a dit cette réplique sur un ton, et avec un geste tels que la Belle-fille, qui tient toujours les mains sur sa bouche, a beau se retenir, elle ne réussit pas à refréner son rire qui jaillit, irrésistible et bruyant, entre ses doigts.

LE GRAND PREMIER RÔLE FÉMININ *(indignée, retournant s'asseoir)* : Bon, moi, je ne suis pas ici pour servir de pitre à cette personne !

LE GRAND PREMIER RÔLE MASCULIN : Et moi non plus ! Ça suffit !

LE DIRECTEUR *(à la Belle-fille, en hurlant)* : Oui, ça suffit ! Ça suffit !

LA BELLE-FILLE : Excusez-moi… excusez-moi…

LE DIRECTEUR : Vous êtes une mal élevée, voilà ce que vous êtes ! Une prétentieuse !

LE PÈRE *(tentant de s'interposer)* : C'est vrai, monsieur, vous avez raison… mais il faut lui pardonner…

LE DIRECTEUR *(remontant sur le plateau)* : Pardonner quoi ! C'est tout bonnement indécent[1] !

LE PÈRE : C'est vrai, monsieur, mais croyez-moi, cela fait un effet tellement bizarre…

LE DIRECTEUR : Bizarre ? Comment ça, bizarre ? Pourquoi, bizarre ?

LE PÈRE : Moi, monsieur, j'admire, j'admire beaucoup vos comédiens : monsieur *(il montre le grand premier rôle masculin)*, mademoiselle *(il montre le grand premier rôle féminin)*, mais le fait est… qu'ils ne sont pas nous, voilà.

LE DIRECTEUR : Parbleu ! Comment pourraient-ils être « vous », puisque ce sont les acteurs ?

LE PÈRE : Eh oui : les acteurs ! Et tous deux jouent très bien nos rôles. Mais pour nous, voyez-vous, cela a l'air d'une chose différente, qui voudrait être la même, mais qui ne l'est pas !

LE DIRECTEUR : Comment cela, « qui ne l'est pas » ? Qu'est-ce que c'est, alors ?

LE PÈRE : C'est une chose qui… qui devient à eux, et qui n'est plus à nous.

LE DIRECTEUR : Mais forcément ! Je vous l'ai déjà dit !

LE PÈRE : Oui, je comprends, je comprends…

LE DIRECTEUR : Alors c'est parfait ! *(Aux acteurs :)* Ça veut dire que nous répéterons plus tard entre nous, dans les règles. Pour moi, cela a toujours été une vraie calamité de répéter en présence des auteurs ! Ils ne sont jamais contents ! *(Au Père et à la Belle-fille :)* Allons, reprenons la scène avec vous. Peut-être que cela vous fera cesser de rire.

---

1. ***Indécent*** : déplacé.

LA BELLE-FILLE : Oh, je ne rirai plus, je ne rirai plus ! C'est le moment crucial, pour moi ! Soyez tranquille.

LE DIRECTEUR : Donc, quand vous dites : « Ne pensez plus à ce que je vous ai dit… Pour moi aussi, vous comprendrez… » *(au Père :)*, il faut que vous enchaîniez tout de suite : « Je comprends, je comprends… » et aussitôt après, vous lui demandez…

LA BELLE-FILLE *(l'interrompant)* : Quoi ? Comment ?

LE DIRECTEUR : Eh bien, pourquoi vous êtes en deuil !

LA BELLE-FILLE : Mais pas du tout, monsieur ! Écoutez : quand je lui ai dit que je ne voulais plus penser à la façon dont j'étais habillée, vous savez ce qu'il m'a répondu ? « Eh bien, parfait ! Alors, enlevons-la, enlevons-la tout de suite, cette petite robe ! »

LE DIRECTEUR : Ah, bravo ! Bravo ! Pour que tout le public saute au plafond !

LA BELLE-FILLE : Pourtant c'est la vérité !

LE DIRECTEUR : Fichez-moi la paix avec votre vérité ! Ici on est au théâtre ! Alors la vérité, oui, mais jusqu'à un certain point !

LA BELLE-FILLE : Et qu'est-ce que vous comptez faire, on peut le savoir ?

LE DIRECTEUR : Vous verrez bien ! Pour l'instant, laissez-moi faire !

LA BELLE-FILLE : Non, monsieur ! De ce dégoût que je ressens, de toutes les raisons, plus cruelles et plus ignobles les unes que les autres, qui ont fait de moi « une de celles-là », une « fille perdue », vous voudriez sans doute tirer une bluette[1]

1. ***Bluette*** : petit ouvrage littéraire sans prétention, léger.

romantico-sentimentale, avec lui qui me demanderait pourquoi je suis en deuil, et puis moi qui lui répondrais en pleurnichant que mon papa est mort il y a deux mois ? Non, mon cher monsieur, pas de ça ! Il faut qu'il me dise, comme il l'a fait : « Alors enlevons-la tout de suite, cette petite robe ! » Et moi, avec tout mon deuil dans le cœur, un deuil de deux mois à peine, je suis allée là-bas, vous voyez ? derrière ce paravent. Et avec ces doigts qui tremblaient de honte et de dégoût, j'ai dégrafé mon corsage, ma jupe…

LE DIRECTEUR *(s'arrachant les cheveux)* : Au nom du ciel ! Qu'est-ce que vous me contez là ?

LA BELLE-FILLE *(criant toujours)* : La vérité, monsieur, la vérité !

LE DIRECTEUR : Bien sûr, la vérité, je ne dis pas le contraire… et je comprends, oui, je comprends toute l'horreur que vous éprouvez, mademoiselle. Mais essayez donc de comprendre, vous aussi, que tout cela n'est pas possible sur une scène.

LA BELLE-FILLE : Ce n'est pas possible ? En ce cas, merci bien ! Moi, je ne marche pas !

LE DIRECTEUR : Écoutez-moi, voyons…

LA BELLE-FILLE : Non ! Je ne marche pas ! Je ne marche pas ! Ce qui est possible sur une scène, vous l'avez combiné à l'avance, tous les deux, dans votre loge ! Merci ! Lui, je le comprends : il veut en venir tout de suite à la « représentation » *(sur un ton ironique)* de ses tourments spirituels. Mais moi, c'est mon drame que je veux représenter ! Oui, le mien !

LE DIRECTEUR *(agacé, haussant les épaules avec brusquerie)* : Votre drame ! votre drame ! Mais il n'y a pas que le vôtre, à la fin ! Il y a aussi celui des autres ! Le sien *(il montre le Père)*, le drame de votre mère ! Il est inadmissible qu'un personnage vienne, comme ça, occuper le devant de la scène au détriment des autres. Il faut les faire tous entrer dans un cadre harmonieux et représenter ce qui est représentable ! Je le sais bien, moi, que chacun a sa vie propre, et qu'il voudrait l'étaler au grand jour. Mais justement, c'est là qu'est la difficulté : ne montrer de cette vie que ce qui est nécessaire par rapport aux autres et, avec ce peu que l'on montre, faire comprendre tout ce qui n'est pas dit ! Ah ! ce serait bien pratique, si chaque personnage pouvait, dans un beau monologue ou... carrément... une conférence, venir déballer face au public tout ce qui se mijote au-dedans de lui ! *(D'un ton bonhomme*[1] *et conciliant :)* Il faut vous modérer, mademoiselle. Croyez-moi, je le dis dans votre propre intérêt, parce que cela pourrait faire très mauvaise impression, vous savez, toute cette rage destructrice, ce dégoût exacerbé[2], alors que vous avez reconnu vous-même, excusez-moi, avoir déjà rencontré d'autres hommes avant lui, chez madame Pace, et plus d'une fois !

LA BELLE-FILLE *(baissant la tête, d'une voix grave, après un moment de réflexion)* : C'est juste ! Mais pour moi, voyez-vous, tous ces autres hommes, eh bien ils sont lui.

LE DIRECTEUR *(ne comprenant pas)* : Les autres, lui ? Que voulez-vous dire ?

LA BELLE-FILLE : Quand une fille a fauté, monsieur, est-ce que le responsable de toutes les fautes qui suivent n'est pas l'homme qui, le premier, a provoqué sa chute ? Eh bien pour moi, c'est lui, avant même que je sois née. Regardez-le, et dites-moi si ce n'est pas vrai !

LE DIRECTEUR : Soit ! Mais le poids de ce remords, qui l'écrase, vous trouvez que c'est peu de chose ? Laissez-lui la possibilité de le représenter !

---

1. ***Ton bonhomme*** : ton plein de sympathie, exprimant une bonté de cœur.
2. ***Exacerbé*** : poussé à l'extrême.

LA BELLE-FILLE : Oui, mais comment ? Je veux dire : comment pourrait-il représenter tous ses « nobles » remords, tout son tourment « moral », si vous lui épargnez l'horreur de s'être retrouvé un jour avec, dans les bras, après l'avoir invitée à enlever sa robe de deuil, femme et déjà dévoyée [1], la fillette qu'il allait voir à la sortie de l'école ?

Elle a dit ces derniers mots d'une voix tremblante d'émotion. En l'entendant, la Mère, en proie à une irrépressible angoisse, qui s'exprimera d'abord par des plaintes étouffées, finit par éclater en sanglots éperdus. Tout le monde est gagné par l'émotion. Un long temps.

LA BELLE-FILLE *(dès que la Mère semble se calmer, ajoute, sombre et résolue)* : À présent, nous sommes entre nous, encore ignorés du public. Demain vous donnerez de nous le spectacle que vous jugerez bon, en le composant à votre guise. Mais est-ce que vous voulez le voir, ce drame ? Le voir vraiment, tel qu'il a éclaté ?

LE DIRECTEUR : Mais oui, je ne demande pas mieux, afin d'en tirer le maximum d'éléments dès maintenant !

LA BELLE-FILLE : Alors, faites sortir cette mère.

LA MÈRE *(cessant de pleurer, dans un hurlement)* : Non ! Non ! Ne le permettez pas, monsieur ! Ne le permettez pas !

LE DIRECTEUR : Mais c'est seulement pour voir, madame !

LA MÈRE : Je ne peux pas ! je ne peux pas !

LE DIRECTEUR : Mais voyons, puisque tout cela a déjà eu lieu ! Je ne comprends pas !

LA MÈRE : Non : cela a lieu maintenant, cela a lieu tout le temps ! Mon supplice n'a pas de fin, monsieur ! Je suis vivante et présente à chaque instant de ce supplice, qui se renouvelle, toujours vivant et présent. Ces deux enfants, là, est-ce que

1. ***Dévoyée*** : détournée du droit chemin.

vous les avez entendus ? Ils ne peuvent plus parler, monsieur ! Ils restent là, accrochés à mes jupes, pour garder vivante ma douleur, mais ils n'existent pas, ils n'existent plus pour eux-mêmes ! Et celle-là *(elle montre la Belle-fille)*, elle s'est enfuie, monsieur, elle m'a échappé pour aller se perdre, oui, se perdre... Si elle est devant moi, c'est pour une seule raison, toujours la même : pour ranimer, pour faire revivre encore et toujours la douleur que j'ai éprouvée à cause d'elle !

LE PÈRE *(solennel)* : L'instant éternel, monsieur, comme je vous le disais ! Elle *(il montre la Belle-fille)* est là pour me saisir, me fixer, me maintenir accroché et suspendu, cloué éternellement au pilori dans cet unique instant fugitif et honteux de ma vie. Elle ne peut pas y renoncer et c'est vrai, monsieur : vous ne devez pas m'épargner cela.

LE DIRECTEUR : Mais oui ; je n'ai pas dit qu'il ne faut pas le représenter. Ce sera même le noyau de tout le premier acte, jusqu'à son arrivée imprévue – *(il montre la Mère)*.

LE PÈRE : Oui, c'est ça. Car c'est là mon châtiment, monsieur : tout notre drame doit culminer dans le cri qu'elle pousse à la fin ! *(Il montre la Mère à son tour.)*

LA BELLE-FILLE : Ce cri, je l'ai encore dans les oreilles ! il m'a rendue folle ! Représentez-moi comme vous voudrez, monsieur : peu m'importe ! Même habillée, pourvu que j'aie les bras nus, rien que les bras, parce que, au moment où j'étais ainsi *(elle s'approche du Père et pose sa tête contre sa poitrine)*, ma tête sur sa poitrine, mes bras autour de son cou, je voyais battre une veine, là, sur mon bras. Et alors, comme si cette veine vivante était tout ce qui me faisait horreur, j'ai fermé les yeux, comme ceci, comme ceci, et j'ai caché ma tête contre sa poitrine ! *(Se tournant vers la Mère :)* Crie, maman, crie ! *(Elle cache sa tête contre la poitrine du Père et, raidissant le dos comme pour ne pas entendre le cri, elle ajoute, d'une voix étranglée par la douleur :)* Crie, comme tu as crié ce jour-là !

LA MÈRE *(s'élançant pour les séparer)* : Non ! Ma fille ! Ma fille *(Et après l'avoir arrachée à lui :)* Brute ! brute ! c'est ma fille ! Tu ne vois pas que c'est ma fille ?

LE DIRECTEUR *(reculant, à ce cri, jusqu'à la rampe, au milieu de l'émotion des acteurs)* : Très bien, oui c'est très bien ! Et là-dessus rideau, rideau !

LE PÈRE *(accourant vers lui, bouleversé)* : Oui, c'est ça : c'est vraiment comme cela que ça s'est passé !

LE DIRECTEUR *(admiratif et convaincu)* : Oui ! Pas de doute ! Là-dessus rideau ! rideau !

Aux cris répétés du directeur, le chef machiniste baisse le rideau. Le directeur et le Père se retrouvent à l'extérieur, devant la rampe.

LE DIRECTEUR *(levant la tête et les bras)* : Mais quel idiot ! Je dis « rideau » pour indiquer que l'acte doit se terminer ainsi, et il me baisse le rideau pour de bon ! *(Au Père, en relevant un pan du rideau pour revenir sur le plateau :)* Oui, oui, c'est parfait, parfait ! Effet garanti ! Il faut finir là-dessus. Ce premier acte sera fameux, c'est moi qui vous le dis !

Il rentre sur le plateau avec le Père.
Quand le rideau se relève, on voit que les machinistes et le personnel de plateau ont démonté le premier semblant de décor et installé à la place un petit bassin comme on en voit dans les jardins.
D'un côté du plateau sont assis en rang les acteurs ; de l'autre, les Personnages. Le directeur est debout au milieu de la scène, le poing fermé devant la bouche, dans l'attitude de quelqu'un qui réfléchit.

LE DIRECTEUR *(se secouant après une brève pause)* : Bon ! Venons-en à ce deuxième acte ! Laissez-moi faire, à partir de ce que nous avions décidé tout à l'heure, et tout marchera très bien !

LA BELLE-FILLE : Notre arrivée chez lui *(elle montre le Père)*, à son grand déplaisir ! *(Elle désigne le Fils.)*

LE DIRECTEUR *(impatienté)* : C'est cela, mais laissez-moi faire, je vous dis !

LA BELLE-FILLE : Il faudra qu'on voie bien sa contrariété !

LA MÈRE *(de sa place, hochant la tête)* : Pour tout le bonheur que ça nous a apporté…

LA BELLE-FILLE *(en se tournant vivement vers elle)* : Peu importe ! Plus grand sera notre malheur, plus grand sera son remords !

LE DIRECTEUR *(impatienté)* : Je sais, je sais ! Et on en tiendra compte, surtout au début ! Soyez tranquille !

LA MÈRE *(suppliante)* : Mais surtout, monsieur, je vous en prie, pour la paix de ma conscience, faites en sorte que l'on comprenne bien que j'ai tenté par tous les moyens…

LA BELLE-FILLE *(l'interrompant avec mépris, et enchaînant)* : … de me calmer, de me dissuader de lui infliger cet affront ! *(Au directeur :)* Oui, faites ce qu'elle demande, faites ce qu'elle demande, parce que c'est la vérité ! Moi, ça m'amusera au plus haut point, parce que ça crève les yeux : plus elle s'abaisse à le supplier, plus elle essaye de gagner son cœur, et plus monsieur prend ses distances : « ab-sent » ! Un vrai régal !

LE DIRECTEUR : Est-ce qu'on va l'attaquer un jour, ce deuxième acte ?

LA BELLE-FILLE : Je ne dis plus rien. Seulement, on ne pourra pas le jouer tout entier dans le jardin, comme vous le souhaiteriez !

LE DIRECTEUR : Et pourquoi donc ?

LA BELLE-FILLE : Parce que lui *(elle montre le Fils)*, il reste enfermé toute la journée dans sa chambre ! Et puis, comme je vous ai dit, le rôle de ce pauvre gamin qui est là, tout ahuri, c'est dans la maison qu'il se déroule.

LE DIRECTEUR : Bien sûr ! Mais d'un autre côté vous comprendrez bien qu'on ne peut pas mettre des écriteaux ou changer de décor à vue[1] trois ou quatre fois par acte !

LE GRAND PREMIER RÔLE MASCULIN : Ça se faisait, autrefois...

LE DIRECTEUR : Oui, au temps où le public était sans doute comme cette fillette !

LE GRAND PREMIER RÔLE FÉMININ : Et l'illusion plus facile !

LE PÈRE *(dans un éclat de fureur, se levant)* : L'illusion ? De grâce, ne parlez pas d'illusion ! Pas ce mot-là ! Pour nous, il est particulièrement cruel !

LE DIRECTEUR *(abasourdi)* : Et pourquoi donc, s'il vous plaît ?

LE PÈRE : Oui, cruel ! Cruel ! Vous devriez pourtant le comprendre !

LE DIRECTEUR : Et quel terme employer ? L'illusion qu'il faut créer ici, pour les spectateurs...

LE GRAND PREMIER RÔLE MASCULIN : ... avec notre interprétation...

LE DIRECTEUR : ... L'illusion de réalité !

LE PÈRE : Je comprends bien, monsieur. C'est peut-être vous, en revanche, qui ne nous comprenez pas. Pardonnez-moi, mais ici, pour vous et vos comédiens, n'est-ce pas, il s'agit seulement – et c'est bien naturel – d'un jeu.

LE GRAND PREMIER RÔLE FÉMININ *(indignée)* : Un jeu ! Mais nous ne sommes pas des enfants ! Ici on joue sérieusement.

1. ***Changer de décor à vue*** : changer de décor devant le spectateur.

LE PÈRE : Je ne dis pas le contraire. Je parlais du jeu de votre art, qui vise précisément, comme le disait monsieur, à donner l'illusion parfaite de la réalité.

LE DIRECTEUR : Nous y sommes !

LE PÈRE : Mais pour nous autres, du fait de notre nature même *(il se désigne lui-même et indique rapidement les cinq autres Personnages)*, cette illusion, c'est notre seule réalité !

LE DIRECTEUR *(abasourdi, regardant ses acteurs eux aussi interdits et troublés)* : Qu'est-ce que vous me racontez-là ?

LE PÈRE *(après les avoir considérés un instant avec un pâle sourire)* : Mais oui, la seule ! Quelle autre pourrions-nous avoir ? Ce qui pour vous est une illusion à créer est au contraire, pour nous, notre seule réalité. *(Un temps. Il fait quelques pas vers le directeur, puis il ajoute :)* Mais nous ne sommes pas les seuls dans ce cas, notez bien. Réfléchissez un peu. *(Le regardant dans les yeux :)* Pouvez-vous me dire qui vous êtes ? *(Il reste l'index pointé sur le directeur.)*

LE DIRECTEUR *(troublé, avec un demi-sourire)* : Qui je suis ? Eh bien, je suis moi !

LE PÈRE : Et si je vous répondais que ce n'est pas vrai parce que vous, vous êtes moi ?

LE DIRECTEUR : Je vous répondrais que vous êtes un fou ! *(Les acteurs rient.)*

LE PÈRE : Vous avez raison de rire. Ici, on joue. *(Au directeur :)* Vous pouvez m'objecter, par conséquent, que si ce monsieur *(il montre le grand premier rôle masculin)*, qui est « lui », doit devenir « moi » et *vice versa,* c'est qu'il ne s'agit que d'un jeu. Je vous ai pris au piège, vous voyez ?

Les acteurs recommencent à rire.

LE DIRECTEUR *(agacé)* : Mais on a déjà parlé de ça tout à l'heure ! Ça recommence ?

LE PÈRE : Non, non. En fait, ce n'est pas ce que je voulais dire. Au contraire, je vous invite à sortir de ce jeu… *(regardant le grand premier rôle féminin, comme pour prévenir son intervention)* d'art ! d'art ! auquel vous avez coutume de jouer ici avec vos comédiens. Et encore une fois je vous demande, sérieusement : qui êtes-vous ?

LE DIRECTEUR *(s'adressant aux acteurs, comme stupéfait et irrité à la fois)* : Non, mais voyez-moi ce culot ! Quelqu'un qui prétend être un personnage, venir me demander, à moi, qui je suis !

LE PÈRE *(digne, mais sans hauteur)* : Monsieur, un personnage a toujours le droit de demander à un homme qui il est. Car un personnage a vraiment une vie propre, marquée de caractères qui lui sont propres : c'est toujours « quelqu'un ». Alors qu'un homme – je ne dis pas vous, je parle en général –, un homme peut fort bien n'être « personne ».

LE DIRECTEUR : Je veux bien ! Seulement c'est à moi que vous posez la question ! Moi, le directeur ! Le chef de la troupe ! Enfin !

LE PÈRE *(presque en sourdine, d'un ton humble et mielleux)* : Oh, je voulais juste savoir, monsieur, si tel que vous êtes maintenant, vous vous voyez aussi bien que vous voyez, par exemple, avec le recul du temps, l'homme que vous étiez autrefois, avec toutes ses illusions, avec toutes les choses qui étaient en lui, autour de lui, telles qu'elles lui apparaissaient alors – telles qu'elles « étaient » alors, réellement, pour vous ! Eh bien, monsieur, en repensant à ces illusions aujourd'hui envolées, à toutes ces choses qui maintenant ne vous « paraissent » plus ce qu'alors elles « étaient », ne sentez-vous pas se dérober sous vos pieds non seulement les planches de cette scène, mais le sol, oui, le sol, à l'idée que ce « vous » que vous croyez être en ce moment, que toute votre réalité présente est destinée, demain, à vous paraître une illusion ?

LE DIRECTEUR *(sans avoir bien suivi, désarçonné par ces raisonnements spécieux[1])* : Et alors ? Où voulez-vous en venir ?

LE PÈRE : Oh, à rien, monsieur. Seulement à vous faire comprendre que si nous autres *(il indique de nouveau lui-même et les autres Personnages)*, nous n'avons d'autre réalité que l'illusion, vous feriez bien, vous aussi, de vous défier de votre réalité, celle que vous respirez et que vous sentez en vous aujourd'hui, car elle est destinée demain, tout comme celle d'hier, à se révéler une illusion.

LE DIRECTEUR *(décidant de prendre la chose en plaisanterie)* : Allons, bon ! Et pendant que vous y êtes, ajoutez donc que vous-même, avec la pièce que vous venez me jouer ici, vous êtes plus vrais et plus réels que moi !

LE PÈRE *(avec le plus grand sérieux)* : Mais sans l'ombre d'un doute, monsieur !

LE DIRECTEUR : Vraiment ?

LE PÈRE : Je croyais que vous l'aviez compris depuis le début.

LE DIRECTEUR : Plus réel que moi !

LE PÈRE : Puisque votre réalité peut changer du jour au lendemain…

LE DIRECTEUR : Mais bien sûr qu'elle peut changer, parbleu ! Elle change sans arrêt, comme pour tout le monde !

LE PÈRE *(dans un cri)* : Mais pas pour nous, monsieur ! Comprenez-vous ? C'est là toute la différence ! La nôtre ne

1. ***Spécieux*** : qui n'ont que l'apparence de la vérité.

change pas, elle ne peut pas changer, elle ne peut pas être une autre, jamais, parce qu'elle est déjà fixée : elle est « celle-ci », et pour toujours (c'est terrible, monsieur !) : une réalité immuable qui devrait vous donner à tous le frisson quand vous vous approchez de nous !

LE DIRECTEUR *(dans un mouvement d'humeur, se plantant devant le Père parce qu'il vient d'avoir une idée)* : Moi, ce que je voudrais savoir, c'est depuis quand on voit un personnage sortir de son rôle pour se mettre à disserter dessus, comme vous le faites, à le commenter, à l'expliquer. Pouvez-vous me le dire ? Moi, je n'ai jamais vu ça !

LE PÈRE : Vous ne l'avez jamais vu, monsieur, parce que d'habitude les auteurs gardent secrètes les affres [1] de leur création. Quand les personnages sont vivants, vraiment vivants pour un auteur, il se borne à les suivre dans leurs paroles, dans les gestes qu'eux-mêmes lui proposent. Il doit les vouloir tels qu'ils se veulent, sinon gare à lui ! Quand un personnage vient de naître, il acquiert aussitôt une telle indépendance, vis-à-vis même de son auteur, que tout le monde peut l'imaginer dans une foule de situations où jamais l'auteur n'a songé à le mettre ; il peut même parfois acquérir une signification que l'auteur n'a jamais pensé à lui donner !

LE DIRECTEUR : Ça, je le sais bien !

LE PÈRE : Alors pourquoi cet étonnement devant nous ? Imaginez un personnage ayant eu la malchance, je vous l'ai dit, de naître vivant de l'imagination d'un auteur qui, par la suite, a décidé de lui refuser la vie. Et dites-moi si ce personnage laissé en plan, comme ça : vivant et sans vie, n'a pas toutes les raisons d'agir comme nous le faisons maintenant auprès de vous, après l'avoir fait tant de fois auprès de lui, afin de le

1. ***Affres*** : douleurs, tourments.

convaincre, de le décider, en lui apparaissant : tantôt moi, tantôt elle *(il montre la Belle-fille)*, tantôt cette pauvre mère…

LA BELLE-FILLE *(s'avançant comme une somnambule)* : C'est vrai, monsieur, moi aussi, moi aussi, tant de fois, dans la mélancolie de son bureau, au crépuscule, quand il restait affalé dans un fauteuil sans pouvoir se décider à allumer la lampe, laissant l'ombre envahir la pièce, cette ombre toute grouillante de nous autres, qui venions le tenter. *(Comme si elle se voyait encore dans ce bureau et que la présence de tous ces acteurs la gênait :)* Si vous pouviez tous vous en aller ! Nous laisser seuls ! Maman, là, avec ce fils… moi avec cette fillette… ce garçon là-bas, toujours seul… et puis moi avec lui *(elle indique rapidement le Père)*… et puis moi seule, toute seule… dans cette pénombre… *(Elle bondit soudain, comme si, dans la vision qu'elle a d'elle-même, lumineuse et vivante dans la pénombre, elle voulait se saisir :)* Ah ! ma vie ! Les scènes que nous lui proposions ! Moi surtout, moi, je le tentais plus que les autres !

LE PÈRE : Oui ! Mais c'est sans doute à cause de toi, précisément : de ton insistance déplacée, de tes excès !

LA BELLE-FILLE : Allons donc ! C'est lui-même qui m'a voulue ainsi ! *(Elle s'approche du directeur pour lui dire, comme en confidence :)* Moi, je crois plutôt que c'est le découragement, monsieur, ou le mépris du théâtre tel que le public le voit et le veut d'ordinaire…

LE DIRECTEUR : Soit, mais poursuivons, poursuivons, bon Dieu ! et venons-en au fait, messieurs dames !

LE BELLE-FILLE : Ah, pour ce qui est des faits, excusez-moi mais il me semble que vous en avez plus qu'il n'en faut, avec notre arrivée chez lui ! *(Elle montre le Père.)* Vous disiez vous-même que vous ne pouviez pas mettre des écriteaux ou changer de décor toutes les cinq minutes !

LE DIRECTEUR : Justement ! Il faut les combiner, ces faits, les regrouper dans une action simultanée et serrée ; alors que vous, vous voulez qu'on voie d'abord votre petit frère qui rentre de l'école et qui erre dans la maison comme un fantôme, en se cachant derrière les portes pour méditer un projet dans lequel – comment disiez-vous, déjà ?

LA BELLE-FILLE : Dans lequel il épreint [1] tout son suc vital !

LE DIRECTEUR : « Épreint » : jamais entendu ce mot-là ! Va pour « épreint ». Et vous avez dit aussi : « n'ayant que ses yeux qui grandissent », c'est bien ça ?

LA BELLE-FILLE : Oui, monsieur : regardez-le ! *(Elle montre l'Adolescent près de la Mère.)*

LE DIRECTEUR : Bien ! Et donc, dans le même temps, vous voudriez qu'il y ait dans le jardin cette fillette, qui joue sans se douter de rien. Lui dans la maison, et elle dans le jardin : comment faire ?

LA BELLE-FILLE : Ah ! monsieur, au soleil, heureuse ! Sa gaieté, son entrain, dans ce jardin, c'est mon seul réconfort. La voir tirée de la misère, de la tristesse de cette chambre sordide où nous dormions tous les quatre – et moi avec elle : moi, vous imaginez ! avec ce corps souillé qui me fait horreur, tout contre elle, qui me serrait très fort de ses petits bras tendres et innocents. Au jardin, dès qu'elle me voyait, elle accourait me prendre par la main. Elle ne faisait pas attention aux grandes fleurs ; elle allait à la découverte de toutes les « pitites, pitites » et elle voulait me les montrer, et elle riait ! Comme elle riait !

En disant cela, déchirée par ce souvenir, elle éclate en longs sanglots désespérés, laissant tomber sa tête sur ses bras allongés sur le guéridon. L'émotion gagne tout le monde. Le directeur s'approche d'elle et lui dit, d'un ton presque paternel, pour la réconforter :

---

1. ***Épreint*** : presse, pour extraire (vieilli).

LE DIRECTEUR : Vous l'aurez, votre jardin, vous l'aurez, soyez tranquille, et vous verrez, il vous plaira ! C'est là que nous regrouperons toutes les scènes ! *(Il appelle un machiniste par son nom :)* Eh, toi, fais-moi descendre quelques arbres ! Deux petits cyprès, là, devant le bassin !

On voit descendre des cintres[1] *deux petits cyprès. Le chef machiniste accourt et fixe les deux socles avec des clous.*

LE DIRECTEUR *(à la Belle-fille)* : C'est juste comme ça, pour donner une idée. *(Il rappelle le machiniste par son nom :)* À présent, envoie un peu de ciel !

LE MACHINISTE *(depuis les cintres)* : Comment ?

LE DIRECTEUR : Un peu de ciel ! Une toile de fond, derrière le bassin !

On voit descendre une toile de fond blanche.

LE DIRECTEUR : Mais non, pas blanche ! J'ai dit un ciel ! Bon, laisse tomber, ça ne fait rien, je vais arranger ça. *(Appelant :)* Eh, l'électricien, éteins-moi tout et donne un peu d'atmosphère… du clair de lune… les herses[2] au bleu et un projecteur bleu sur la toile… Voilà ! Ça ira !

Sur ses ordres est créée une mystérieuse atmosphère de clair de lune, qui va inciter les acteurs à parler et à se mouvoir comme dans un jardin, le soir, sous la lune.

LE DIRECTEUR *(à la Belle-fille)* : Et voilà ! Vous voyez ? Comme ça le jeune garçon, au lieu de se cacher derrière les portes, pourrait rôder dans le jardin et se cacher derrière les arbres. Cela dit, on aura du mal à trouver une fillette qui joue

1. *Cintres* : partie du théâtre située au-dessus de la scène, où l'on remonte les décors.

2. *Herses* : appareils d'éclairage dissimulés dans les cintres des scènes de théâtre.

convenablement la scène où elle vous montre les petites fleurs. *(Se tournant vers l'Adolescent :)* Vous, plutôt, venez par ici ! Essayons de fixer un peu les choses ! *(L'Adolescent ne bouge pas.)* Allons, venez ! *(Puis, l'amenant où il veut et tâchant de lui faire redresser la tête, qui retombe toujours sur sa poitrine :)* Eh, mais dites donc, un sacré problème, celui-là aussi… Qu'est-ce qu'il a ? Bon sang, il faudrait tout de même qu'il dise quelques mots… *(Il s'approche de lui, pose une main sur son épaule et le mène derrière le décor d'arbres :)* Venez, venez un peu, que je voie ! Cachez-vous là derrière… comme ça… Essayez de pencher un peu la tête, comme si vous guettiez… *(Il s'écarte pour juger de l'effet. Dès que l'Adolescent aura exécuté le mouvement, qui provoque un grand émoi chez les acteurs :)* Dites-moi, et si la fillette, quand elle le voit aux aguets, courait vers lui et lui arrachait au moins quelques mots ?

LA BELLE-FILLE *(se levant)* : N'espérez pas qu'il ouvre la bouche tant que l'autre est ici *(elle montre le Fils)*. Il faudrait d'abord le renvoyer, lui.

LE FILS *(se dirigeant d'un pas décidé vers l'un des escaliers)* : Mais tout de suite ! Comment donc ! Moi je ne demande pas mieux !

LE DIRECTEUR *(l'arrêtant aussitôt)* : Non ! Où allez-vous ? Attendez !

La Mère se lève, bouleversée, angoissée à l'idée qu'il pourrait vraiment s'en aller. Elle lève instinctivement les bras comme pour le retenir, sans cependant quitter sa place.

LE FILS *(arrivé à la rampe, au directeur qui le retient)* : Je n'ai absolument rien à faire ici, moi ! Laissez-moi partir, je vous en prie ! Laissez-moi partir !

LE DIRECTEUR : Comment ça, vous n'avez rien à faire ici ?

LA BELLE-FILLE *(tranquillement, avec ironie)* : Ne le retenez pas ! Il ne risque pas de s'en aller !

LE PÈRE : Il doit jouer la terrible scène du jardin avec sa mère !

LE FILS *(vivement, d'un ton résolu et furieux)* : Je ne jouerai rien du tout ! Je l'ai annoncé depuis le début ! *(Au directeur :)* Laissez-moi partir !

LA BELLE-FILLE *(accourant, au directeur)* : Vous permettez ? *(Elle lui fait baisser les bras et lâcher le Fils :)* Lâchez-le ! *(Puis au Fils, dès que le directeur l'a lâché :)* Eh bien, va-t'en ! *(Le Fils reste tendu vers l'escalier mais, comme enchaîné par un mystérieux pouvoir, il ne peut pas descendre les marches ; ensuite, au milieu de la stupeur et de l'angoisse de la troupe, il s'avance lentement le long de la rampe, vers l'autre escalier. Arrivé là, il s'immobilise encore une fois, tendu, sans pouvoir descendre. La Belle-fille, qui l'a suivi des yeux avec un air de défi, éclate de rire.)* – Il ne peut pas, vous voyez ? Il ne peut pas ! Il est forcé de rester là, éternellement rivé à sa chaîne ! Moi, monsieur, quand arrive ce qui doit arriver, je m'enfuis à tire-d'aile, justement à cause de la haine qu'il m'inspire, justement pour ne plus l'avoir devant mes yeux. Eh bien si moi-même je reste clouée ici, obligée de supporter sa vue et sa présence, pensez un peu s'il pourrait s'en aller, lui qui doit rester, rester ici pour de bon avec son distingué père et cette mère, là, qui n'aura plus d'autre enfant que lui… *(À la Mère :)* Allons, viens, maman, viens… *(Au directeur :)* Voyez, elle s'était levée, elle s'était levée pour le retenir… *(À la Mère, la faisant venir vers elle comme par magie :)* Viens, viens… *(Au directeur :)* Imaginez quel déchirement cela peut être, pour elle, d'étaler ses sentiments devant vos comédiens, mais le désir de s'approcher de lui est si fort que – tenez, vous voyez ? – elle est prête à vivre sa scène !

En effet, la Mère s'est approchée, et dès que la Belle-fille a prononcé ces derniers mots, elle ouvre les bras pour dire qu'elle est d'accord.

LE FILS *(vivement)* : Ah, mais pas moi ! Pas moi ! Si je ne peux pas m'en aller, je resterai ici, mais je vous répète que je ne jouerai rien du tout !

LE PÈRE *(frémissant, au directeur)* : Vous, monsieur, vous pouvez l'y obliger !

LE FILS : Personne ne peut m'y obliger !

LE PÈRE : C'est moi qui t'y obligerai !

LA BELLE-FILLE : Attendez ! Attendez ! D'abord, la petite près du bassin ! *(Elle court chercher la Fillette, s'accroupit devant elle et prend le petit visage dans ses mains :)* Ma pauvre petite chérie, tu regardes tout ça avec de grands yeux, tout éperdue ! Tu te demandes où nous sommes, hein ? Nous sommes sur un plateau de théâtre, ma chérie ! Et qu'est-ce que c'est, un plateau de théâtre ? Eh bien, c'est un endroit où l'on joue à jouer pour de vrai. On y joue des pièces. Et c'est nous qui allons jouer la pièce. Pour de vrai, tu sais ! Toi aussi… *(Elle l'étreint en la serrant contre sa poitrine et en la berçant un peu.)* Oh, ma petite chérie, ma petite chérie, qu'elle est vilaine, la pièce que tu vas jouer ! Quelle chose horrible on a imaginée pour toi ! Le jardin, le bassin… Pas un vrai bassin, bien sûr ! C'est ça l'ennui, ma chérie : ici, tout est faux ! Mais toi, peut-être que tu aimes mieux le faux bassin, parce que tu peux jouer dedans, hein ? Mais non, ce sera un jeu pour les autres, mais pas pour toi, hélas ! Toi tu es vraie, mon petit amour, tu joues pour de vrai près d'un beau, d'un grand bassin tout vert, avec plein de bambous autour, qui y projettent leur ombre, et puis des tas de petits canards qui nagent sur l'eau, fendant cette ombre. Toi, tu voudrais en attraper un, de ces petits canards… *(Dans un hurlement qui emplit tout le monde d'effroi :)* Non, ma Rosette, non, Maman ne te surveille pas ; c'est à cause de sa canaille de fils, là-bas ! Moi, je suis en proie à mes démons… Et celui-là… *(Elle abandonne la Fillette et s'adresse à l'Adolescent, avec sa rudesse habituelle :)* Qu'est-ce que tu fabriques, toi, avec cet air de chien battu ? Ce sera aussi ta faute si cette enfant se noie : toujours prostré, comme si moi, en vous faisant entrer dans cette maison, je n'avais pas payé pour tous ! *(Le saisissant par un bras pour le forcer à tirer une main de sa poche :)* Qu'est-ce que tu as là ? Qu'est-ce que tu caches ? Sors ta main, sors ta main ! *(Elle lui arrache la main de sa poche et découvre, au milieu de l'horreur générale, qu'il tient un revolver. Elle regarde un moment l'Adolescent, comme satisfaite, puis elle dit, sombrement :)* Ah ! Où et comment tu te l'es procuré ? *(Et comme l'Adolescent, effrayé, les yeux toujours écarquillés et vides, ne répond rien :)* Imbécile ! moi, à ta place, au lieu de me tuer, j'aurais tué un de ces deux-là, ou bien les deux : le père et le fils ! *(Elle le repousse derrière le petit cyprès où il se tenait aux aguets. Puis elle saisit la Fillette et la dépose dans le bassin, couchée, de sorte qu'on ne la voie pas ; enfin elle s'effondre sur le rebord du bassin, le visage caché dans ses bras.)*

LE DIRECTEUR : Parfait ! *(S'adressant au Fils :)* Et vous, dans le même temps…

LE FILS *(furieux)* : Dans le même temps, rien du tout ! Ce n'est pas vrai, monsieur ! Il n'y a jamais eu la moindre scène entre elle et moi ! *(Il montre la Mère.)* Demandez-lui, à elle, comment ça s'est passé.

Pendant ce temps, le grand second rôle féminin et le jeune premier se détachent du groupe des acteurs. La comédienne se met à observer la Mère, en face d'elle, avec beaucoup d'attention et le jeune premier observe le Fils, afin de pouvoir ensuite jouer leurs rôles.

LA MÈRE : Oui, monsieur, il dit la vérité ! Moi, j'étais entrée dans sa chambre.

LE FILS : Dans ma chambre, vous avez bien noté ? Pas dans le jardin !

LE DIRECTEUR : Mais c'est sans importance ! Il faut grouper l'action, je vous ai dit !

LE FILS *(apercevant le jeune premier en train de l'observer)* : Qu'est-ce que vous voulez, vous ?

LE JEUNE PREMIER : Rien. Je vous observe.

LE FILS *(se tournant vers le grand second rôle féminin)* : Ah !… et vous aussi, vous êtes là ? Pour jouer son rôle ? *(Il montre la Mère.)*

LE DIRECTEUR : Tout juste ! Tout juste ! Et vous devriez leur être reconnaissants, il me semble, de l'attention qu'ils vous prêtent !

LE FILS : Vraiment ? Merci beaucoup ! Mais vous n'avez pas encore compris que vous ne pourrez pas la jouer, cette pièce ? Nous autres, nous ne sommes pas en vous, et vos acteurs nous regardent de l'extérieur. Croyez-vous qu'on puisse vivre devant un miroir qui, de plus, non content de nous glacer par le reflet de notre propre expression, nous la renvoie comme une caricature méconnaissable de nous-mêmes ?

LE PÈRE : C'est vrai, cela, c'est vrai ! Il faut vous en persuader !

LE DIRECTEUR *(au jeune premier et au grand second rôle féminin)* : C'est bon, restez à l'écart.

LE FILS : Inutile ! Moi, je ne marche pas.

LE DIRECTEUR : Taisez-vous donc, et laissez-moi écouter votre mère ! *(À la Mère :)* Alors ? Vous étiez entrée ?

LA MÈRE : Oui, monsieur, dans sa chambre. Je n'y tenais plus. Je voulais vider mon cœur de toute cette angoisse qui m'oppresse. Mais lui, dès qu'il m'a vue entrer…

LE FILS :… Aucune scène ! Je suis parti ; je suis parti pour éviter une scène, parce que moi, comprenez-vous ? Je n'ai jamais fait de scènes.

LA MÈRE : Il a raison ! C'est vrai, c'est vrai !

LE DIRECTEUR : Mais pourtant il va bien falloir la faire, cette scène entre vous deux ! Elle est indispensable !

LA MÈRE : Moi j'y suis toute prête, monsieur ! Je voudrais tant que vous me donniez la possibilité de lui parler un moment, de lui ouvrir mon cœur…

LE PÈRE *(s'approchant du Fils, avec violence)* : Tu vas la jouer, cette scène ! Pour ta mère ! Pour ta mère !

LE FILS *(plus résolu que jamais)* : Pas question !

LE PÈRE *(le saisissant à bras-le-corps et le secouant)* : Obéis, bon Dieu, obéis ! Tu n'entends pas comme elle te parle ? Tu n'as donc pas d'entrailles ?

LE FILS *(le saisissant lui aussi à bras-le-corps)* : Non et non ! Et finis donc une bonne fois !

Émotion générale. La Mère, épouvantée, tente de s'interposer, de les séparer.

LA MÈRE *(même jeu)* : Je vous en prie ! Je vous en prie !

LE PÈRE *(sans le lâcher)* : Tu vas obéir ! Tu vas obéir !

LE FILS *(se colletant [1] avec lui et le jetant finalement par terre, près de l'un des petits escaliers, au milieu de l'indignation générale)* : Mais à la fin, quelle frénésie t'a saisi ? Il faut qu'il ait perdu toute pudeur pour étaler en public sa honte et la nôtre ! Moi, je m'y refuse ! Je m'y refuse ! Et en cela j'interprète la volonté de celui qui n'a pas voulu nous porter à la scène !

1. ***Se colletant*** : se battant en se saisissant mutuellement par le collet.

LE DIRECTEUR : Vous êtes venus ici, pourtant !

LE FILS *(montrant le Père)* : Lui. Pas moi !

LE DIRECTEUR : Parce que vous n'êtes pas là, peut-être ?

LE FILS : C'est lui qui a voulu venir, il nous a tous entraînés, et il a même été jusqu'à combiner avec vous, dans votre loge, non seulement ce qui est vraiment arrivé, mais en plus, comme si cela ne suffisait pas, ce qui n'est jamais arrivé !

LE DIRECTEUR : Mais alors, vous, dites-moi au moins ce qui s'est vraiment passé ! Dites-le-moi, à moi ! Vous êtes sorti de votre chambre, sans prononcer un mot ?

LE FILS *(après un instant d'hésitation)* : Sans un mot. Pour ne pas faire de scène, précisément.

LE DIRECTEUR *(le pressant)* : Et alors ? Et après ? Qu'avez-vous fait ?

LE FILS *(au milieu de l'attention angoissée de tous, faisant quelques pas sur le plateau)* : Rien. En traversant le jardin… *(Il s'interrompt, sombre et pensif.)*

LE DIRECTEUR *(le pressant toujours plus, impressionné par son silence)* : Eh bien ? En traversant le jardin ?

LE FILS *(exaspéré, se cachant le visage avec un bras)* : Mais pourquoi m'obliger à parler, monsieur ? C'est horrible !

La Mère, toute tremblante, pousse des gémissements étouffés en regardant dans la direction du bassin.

LE DIRECTEUR *(remarquant ce regard, au Fils, à voix basse, avec une appréhension croissante)* : La Fillette ?

LE FILS *(regardant devant lui, dans la salle)* : Là-bas, dans le bassin…

LE PÈRE *(toujours à terre, montrant la Mère avec pitié)* : Et elle, monsieur, elle le suivait !

LE DIRECTEUR *(au Fils, anxieusement)* : Et alors, vous... ?

LE FILS *(lentement, regardant toujours devant lui)* : Je suis accouru ; je me suis précipité pour la repêcher... Mais je me suis arrêté net : derrière ces arbres, j'ai vu quelque chose qui m'a glacé : ce garçon, ce garçon qui restait planté là, avec des yeux de fou, regardant sa petite sœur noyée dans le bassin.

La Belle-fille, restée penchée sur le bassin pour cacher la Fillette, répond du fond, comme en écho, par des sanglots désespérés.
Un temps.

LE FILS : J'ai fait mine de m'approcher ; et alors...

Un coup de revolver retentit derrière les arbres, où l'Adolescent est resté caché.

LA MÈRE *(poussant un cri déchirant et accourant en même temps que le Fils et tous les acteurs, dans la confusion générale)* : Mon fils ! Mon fils ! *(Puis, au milieu du désordre et des cris :)* Au secours ! Au secours !

LE DIRECTEUR *(au milieu du tumulte, tentant de se frayer un passage, tandis qu'on soulève l'Adolescent par la tête et par les pieds et qu'on le transporte derrière la toile de fond)* : Il s'est blessé ? Il s'est vraiment blessé ?

Tous, sauf le directeur et le Père, resté par terre près de l'escalier, ont disparu derrière la toile de fond qui sert de ciel ; ils y resteront un instant, chuchotant d'un ton angoissé. Puis, venant par un côté et par l'autre de la toile, les acteurs regagnent la scène.

LE GRAND PREMIER RÔLE FÉMININ *(rentrant par la droite, consternée)* : Il est mort ! Pauvre garçon ! Il est mort ! Quelle histoire !

LE GRAND PREMIER RÔLE MASCULIN *(rentrant par la gauche, en riant)* : Mais non, il n'est pas mort ! C'est de la fiction ! De la fiction ! Ne vous laissez pas avoir !

■ Mort de la Fillette et de l'Adolescent.
Reprise de *Six Personnages en quête d'auteur* par la troupe Pitoëff, au théâtre des Mathurins, à Paris, en 1937.
[Identifiez le groupe des comédiens et du directeur et celui des Personnages. Commentez l'attitude de chacun et le choix des costumes. Quels éléments du décor renvoient à l'illusion théâtrale ?]

D'AUTRES ACTEURS *(venant de la droite)* : Fiction ? Non : réalité ! réalité ! Il est mort !

D'AUTRES ACTEURS *(venant de la gauche)* : Non ! Fiction ! Fiction !

LE PÈRE *(se relevant et criant au milieu d'eux)* : Comment, de la fiction ! C'est la réalité, messieurs dames, la réalité !

Puis il disparaît lui aussi, désespéré, derrière la toile de fond.

LE DIRECTEUR *(hors de lui)* : Fiction ! réalité ! Allez au diable, tous autant que vous êtes ! Lumière ! Lumière ! *(Soudain le plateau tout entier ainsi que la salle sont inondés d'une lumière très vive. Le directeur pousse un soupir de soulagement, comme s'il était délivré d'un cauchemar, et tous se regardent dans les yeux, indécis et troublés.)* Ah ! c'est la première fois qu'une chose pareille m'arrive ! Ils m'ont fait perdre une journée de travail ! *(Il consulte sa montre.)* Vous pouvez disposer ! Que voulez-vous qu'on fasse, maintenant ? Il est trop tard pour reprendre la répétition. À ce soir ! *(Dès que les acteurs ont quitté le plateau après l'avoir salué :)* Eh, électricien ! Éteins tout ! *(Il n'a pas fini de parler que le théâtre se retrouve plongé pendant un instant dans le noir le plus complet.)* Crénom[1] ! Laisse au moins un service, que je voie où je mets les pieds !

Aussitôt, derrière la toile de fond, comme par l'effet d'une fausse manœuvre, s'éclaire un projecteur vert qui fait apparaître, grandes et très nettes, les ombres des Personnages, sauf celles de l'Adolescent et de la Fillette. En les voyant le directeur, terrorisé, quitte précipitamment le plateau. Le projecteur s'éteint aussitôt et l'effet de nuit précédent est redonné. Lentement, rentrant par le côté droit de la toile de fond, le Fils s'avance, suivi par la Mère qui tend les bras vers lui ; puis le Père rentre par la gauche. Ils s'immobilisent au centre du plateau, comme des apparitions. Enfin vient la Belle-fille, par la gauche. Elle court vers l'un des petits escaliers, s'arrête un instant sur la première marche, regardant les autres Personnages, puis

1. ***Crénom*** : juron.

elle éclate d'un rire strident et se précipite dans la salle ; elle remonte en courant l'allée centrale, s'arrête de nouveau et éclate de rire encore une fois en regardant les trois Personnages restés sur le plateau ; elle quitte enfin la salle et l'on entendra encore une fois son rire, venant du foyer. Peu après tombe le

RIDEAU.

DOSSIER

- Le théâtre dans le théâtre
- L'auteur et son personnage
- Le comédien et le personnage
- Le mystère de la création artistique
- Petit lexique pour la lecture d'images

Le théâtre dans le théâtre

La mise en abyme théâtrale, l'enchâssement dans l'intrigue principale d'une autre intrigue, se développe au XVIIe siècle : elle correspond à une esthétique baroque (caractérisée par l'imbrication des perspectives et par un goût pour le trompe-l'œil) et invite à prendre conscience du caractère mouvant de la réalité et de la vanité de notre existence – le monde dans lequel nous vivons n'est-il pas également un théâtre ? : « [...] si nous autres, nous n'avons d'autre réalité que l'illusion, vous feriez bien, vous aussi, de vous défier de votre réalité, celle que vous respirez et que vous sentez en vous aujourd'hui, car elle est destinée demain, tout comme celle d'hier, à se révéler une illusion », affirme le Père de famille dans la pièce de Pirandello (p. 106). La mise en abyme a aussi pour effet de rendre la pièce cadre plus vraisemblable que celle enchâssée, de lui conférer une vérité plus grande pour le spectateur.

Shakespeare, *Hamlet* (v. 1600)

Dans *Hamlet* (voir présentation, p. 6), le personnage éponyme de Shakespeare (1564-1616) se sert d'une pantomime puis d'une scène de comédie pour accuser son beau-père, coupable d'avoir empoisonné le roi pour s'emparer du pouvoir, et sa mère, qui a trahi la mémoire de son père en se remariant avec l'assassin. L'illusion théâtrale dévoile la vérité en dénonçant l'imposture du roi qui ne s'y trompe pas puisque, piqué au vif, il quitte la salle à la fin de la scène 2 de l'acte III.

[...]

Entrent le Roi de Comédie et la Reine de Comédie.

LE ROI DE COMÉDIE

De l'orbe de Tellus[1] *et du sel de Neptune*[2],
Trente fois, sur son char, Phœbus[3] *a fait le tour ;*
Empruntant son éclat, trente fois douze lunes
Ont fait autour du monde douze fois trente tours,
Depuis qu'Amour prit nos cœurs, Hymen aussi nos mains[4],
Les unissant de liens conjugaux et très saints.

LA REINE DE COMÉDIE

La lune et le soleil fassent autant de voyages
Avant que notre amour ne quitte ce rivage !
Mais, hélas ! tous ces jours, vous êtes si malade
Si loin de toute joie et de votre habitude
Que je tremble pour vous. Or, malgré mon tourment,
Il ne faut, monseigneur, douter aucunement ;
Femme a crainte et amour en même quantité :
Ou rien d'aucun des deux, ou même extrémité.
Vous savez mon amour pour l'avoir éprouvé,
À l'aune de mon amour ma crainte est mesurée.
Là où l'amour est grand, le moindre doute est crainte,
Là où grandit la crainte, l'amour fait grande empreinte.

LE ROI DE COMÉDIE

Ah, je dois te quitter, mon amour, et bientôt :
Toutes mes forces me quittent qui me tenaient dispos ;
Tu vivras, après moi, sur cette belle terre,
Honorée et chérie ; tu prendras je l'espère
Un aussi tendre époux...

---

1. ***De l'orbe de Tellus*** : périphrase désignant la Terre. Tellus est la divinité italique et romaine personnifiant la terre nourricière.
2. ***Du sel de Neptune*** : périphrase désignant la mer. Neptune est le dieu romain identifié au Poséidon grec, dieu des Mers et de l'élément liquide en général.
3. ***Phœbus*** : désigne le Soleil ; Phœbus est le surnom d'Apollon, dieu grec de la lumière.
4. ***Depuis qu'*****[...]** ***Hymen*** **[prit]** ***nos mains*** : personnification du mariage.

LA REINE DE COMÉDIE

Oh, tais vite le reste !
Tel amour en mon sein, trahison manifeste,
Par deuxième mari me voue au feu d'enfer !
Qui en prend un second a occis[1] *le premier.*

HAMLET, *à part.*

C'est de l'absinthe[2] amère.

LA REINE DE COMÉDIE

Ce qui pousse une femme au second mariage,
N'est pas affaire d'amour mais de vil[3] *avantage.*
Et je tue mon mari une seconde fois
Lorsqu'un second mari m'embrasse entre les draps.

LE ROI DE COMÉDIE

Je sais que vous pensez ce que vous dites là ;
Mais ce que l'on décide, on l'oublie mainte fois.
Esclaves de la mémoire : voilà tous nos desseins
Qui naissent vigoureux mais ne poussent pas sains.
Ils ressemblent au fruit vert qui, à l'arbre accroché,
Mûrit et tombe avant que d'être secoué.
Dure nécessité qui verra oubliée
La dette qu'à soi-même on avait contractée.
Ce que dans la passion on se promet de faire,
Quand la passion s'éteint, promesse ne tient guère.
La peine est violente aussi bien que la joie
Qui perdent en s'effaçant les actes de leur foi :
Où la joie s'ébattait, la peine se lamente,
Peine se réjouit, Joie pleure dès qu'il vente.
Ce monde ne peut durer, il n'est donc pas étrange
Que nos amours s'altèrent quand la Fortune[4] *change ;*

---

1. ***A occis*** : a tué (vieilli).
2. ***Absinthe*** : liqueur alcoolique toxique, de couleur verte et tirée de l'armoise, plante amère.
3. ***Vil*** : bas, méprisable.
4. ***Fortune*** : destinée.

Car c'est une question dont on débat toujours :
Amour mène-t-il Fortune, ou bien Fortune Amour ?
Quand le puissant s'écroule, voyez fuir son client
Que le pauvre prospère, ses ennemis l'adorent :
Jusqu'ici c'est Fortune qu'Amour a courtisée ;
Tel est dans l'abondance qui ne manque pas d'alliés,
Mais si dans le besoin il appelle un faux frère,
Voici qu'en ennemi aussitôt il s'altère.
Mais s'il faut qu'en bon ordre, j'en finisse où j'entrai,
Desseins et destinée sont à ce point contraires,
Que toutes nos entreprises sont toujours mises à bas,
Nos pensées sont à nous, mais leurs effets non pas.
Pense donc que second mari tu ne prendras,
Mais dès le premier mort, cette pensée mourra.

LA REINE DE COMÉDIE

Terre, ne me nourris plus, Ciel, cache ta lumière !
Des jeux et du repos, privez-moi, Jour et Nuit !
Plus de foi, ni d'espoir, que tout me désespère !
L'ordinaire de l'ermite en prison soit ma vie !
Chaque revers dont blanchit la face de la joie,
Frappe mes plus tendres souhaits, et de ce coup les broie !
Ici et en tout lieu, suivez-moi, maux sans fin,
Si veuve devenue, épouse je redeviens !
[...]

HAMLET

Madame, que dites-vous de cette pièce ?

LA REINE

La dame fait trop de serments, ce me semble.

HAMLET

Oh, mais elle tiendra parole !

LE ROI

Connaissez-vous l'argument ? N'y trouve-t-on point d'offense ?

HAMLET

Non pas. Tout ceci n'est qu'un jeu ; ils s'empoisonnent pour jouer ; aucune offense au monde !

[...]

Entre Lucianus.

[...]

Lui, c'est un certain Lucianus, le neveu du roi.

[...]

Commence, meurtrier. La peste soit de tes satanées grimaces, commence ! Allez : « le corbeau croassant est là qui crie vengeance ».

LUCIANUS

Pensées noires, mains habiles, drogue sûre, heure propice,
Nul œil ne me verra, l'occasion est complice :
Ô mixture fétide[1] *d'herbes à minuit récoltées,*
Et par la triple Hécate[2] *triplement infectées,*
La magie naturelle de ton affreux pouvoir
Chasse de ce corps sain toute vie avant ce soir !
Il verse le poison dans l'oreille du Roi de Comédie.

HAMLET

Il l'empoisonne dans son jardin pour usurper son royaume.

[...]

Hamlet, trad. François Maguin,
GF-Flammarion, 1995, p. 233-241.

1. Dans les tirades du roi et de la reine, relevez et analysez les indices qui montrent que l'on a affaire à une scène de théâtre dans le théâtre.
2. Quels traits de caractère Hamlet veut-il dénoncer chez sa mère ? Justifiez votre réponse en citant et en analysant précisément le texte.

---

1. ***Fétide*** : nauséabonde, immonde.
2. ***Hécate*** : divinité grecque, « déesse aux trois formes », apparentée à Artémis, à Séléné ou à Perséphone.

Corneille, *L'Illusion comique* (1636)

L'Illusion comique (voir présentation, p. 6) est le premier chef-d'œuvre du théâtre baroque français. Dans cette pièce de Corneille (1606-1684), l'illusion est double, à la fois magique, puisque le magicien Alcandre révèle à Pridamant les aventures de son fils Clindor dans une grotte enchantée, et théâtrale, puisque les aventures de Clindor ainsi contemplées ne sont que les péripéties d'une pièce de théâtre jouée par le jeune homme devenu comédien. La mise en abyme théâtrale, elle, est à son comble ; la pièce se compose de trois niveaux emboîtés : celui d'Alcandre et de Pridamant, celui des personnages incarnés par la troupe de Clindor et celui de la troupe de Clindor elle-même. Le dénouement de la pièce, qui réconcilie un père et son fils, s'apparente à un éloge du théâtre que Richelieu s'efforçait alors de réhabiliter.

[...]

PRIDAMANT

Que vois-je ! chez les morts compte-t-on de l'argent ?

ALCANDRE

Voyez si pas un d'eux s'y montre négligent !

PRIDAMANT

Je vois Clindor, Rosine. Ah ! Dieu ! quelle surprise !
Je vois leur assassin, je vois sa femme et Lyse [1] !
Quel charme en un moment étouffe leurs discords [2]
Pour assembler ainsi les vivants et les morts ?

ALCANDRE

Ainsi, tous les acteurs d'une troupe comique,
Leur poème récité, partagent leur pratique [3].
L'un tue et l'autre meurt, l'autre vous fait pitié,
Mais la scène préside à leur inimitié ;

---

1. Lyse est la servante d'Isabelle, une jeune femme que le personnage de Clindor a séduite et épousée. Rosine est la femme du prince anglais Florilame, courtisée par le personnage de Clindor. Son mari, jaloux, l'a fait abattre, ainsi que ce soupirant.
2. ***Discords*** : querelles. L'élision du *e* est imposée par la rime.
3. ***Pratique*** : recette.

Leurs vers font leur combat, leur mort suit leurs paroles,
Et sans prendre intérêt en pas un de leurs rôles [1],
Le traître et le trahi, le mort et le vivant
Se trouvent à la fin amis comme devant [2].
Votre fils et son train [3] ont bien su par leur fuite
D'un père et d'un prévôt [4] éviter la poursuite ;
Mais tombant dans les mains de la nécessité,
Ils ont pris le théâtre en cette extrémité.

PRIDAMANT

Mon fils comédien !

ALCANDRE

D'un art si difficile
Tous les quatre au besoin [5] en ont fait leur asile,
Et depuis sa prison ce que vous avez vu,
Son adultère amour, son trépas impourvu [6],
N'est que la triste fin d'une pièce tragique
Qu'il expose aujourd'hui sur la scène publique,
Par où ses compagnons et lui, dans leur métier,
Ravissent dans Paris un peuple tout entier.
Le gain leur en demeure, et ce grand équipage [7]
Dont je vous ai fait voir le superbe étalage,
Est bien à votre fils, mais non pour s'en parer
Qu'alors que [8] sur la scène il se fait admirer.

PRIDAMANT

J'ai pris sa mort pour vraie, et ce n'était que feinte,
Mais je trouve partout mêmes sujets de plainte :

---

1. ***Sans prendre intérêt en pas un de leurs rôles*** : sans se passionner pour aucun de leurs rôles.
2. ***Devant*** : auparavant.
3. ***Son train*** : ses compagnons.
4. ***Prévôt*** : officier de justice.
5. ***Au besoin*** : dans le besoin.
6. ***Impourvu*** : imprévu.
7. ***Équipage*** : costume.
8. ***Qu'alors que*** : si ce n'est lorsque.

Est-ce là cette gloire et ce haut rang d'honneur
Où le devait monter l'excès de son bonheur ?

ALCANDRE

Cessez de vous en plaindre : à présent le théâtre
Est en un point si haut qu'un chacun l'idolâtre,
Et ce que votre temps voyait avec mépris
Est aujourd'hui l'amour de tous les bons esprits,
L'entretien de Paris, le souhait des provinces,
Le divertissement le plus doux de nos princes,
Les délices du peuple, et le plaisir des grands ;
Parmi leurs passe-temps il tient les premiers rangs,
Et ceux dont nous voyons la sagesse profonde
Par ses illustres soins conserver tout le monde
Trouvent dans les douceurs d'un spectacle si beau
De quoi se délasser d'un si pesant fardeau.
[…]

L'Illusion comique, éd. Jean-Yves Huet,
GF-Flammarion « Dossier », 1997, V, VI, p. 135-137.

1. Comment l'hésitation entre illusion et réalité se traduit-elle dans le discours de Pridamant (« Je vois Clindor, Rosine [...] les vivants et les morts ») ?
2. Comment cette hésitation prend-elle fin dans la réplique d'Alcandre (« Ainsi, tous les acteurs [...] en cette extrémité ») ?

L'auteur et son personnage

Fait d'encre et de papier, le personnage est un être fictif qui, au fil de l'action romanesque ou théâtrale, accède à une forme d'existence mystérieuse. Il arrive que l'auteur s'y attache comme à une créature vivante et familière, à laquelle il a donné naissance et qu'il a nourrie. Au contraire, l'auteur, comme dans la pièce de Pirandello, peut refuser de lui donner forme, peut-être par crainte de trahir la nature du personnage tel qu'il a jailli dans son esprit, c'est-à-dire déjà vivant. Voici deux textes qui témoignent, chacun à leur manière, du lien qui peut se nouer entre l'auteur et son personnage.

Dumas, Lettre à Louis Perrée (1849)

Au moment où il fait mourir Porthos [1], l'un des trois mousquetaires, Alexandre Dumas (1802-1870) exprime dans une lettre émouvante l'attachement qu'il voue à son personnage et la difficulté qu'il éprouve à faire mourir un « ami de six ans ».

À Louis Perrée [2]

À Monsieur le directeur du *Siècle*
Villers-Cotterêts, 19 décembre 1849

Mon cher Perrée,

Vous me grondez de m'être reposé quelques jours et vous avez raison, puisque ce repos, vous avez la bonté de me le dire du moins, est préjudiciable au plaisir de vos abonnés. Mais que voulez-vous ! on ne se sépare pas d'un ami de six ans, avec lequel on a vécu tous les jours, qui n'avait pas de secrets pour vous, d'un ami dont la bonté était devenue proverbiale, on n'enterre pas cet ami, on ne prononce pas une oraison funèbre sur sa tombe sans un de ces déchirements d'esprit et de cœur qui pour un instant abattent les forces et vous imposent le besoin d'aller nous retremper quelques heures parmi d'autres amis par bonheur restés vivants et avec lesquels je me suis consolé en déplorant la perte commune que nous avions faite.

Par l'ami mort, je désigne Porthos.

Par les amis vivants, mes bons et chers compatriotes de Villers-Cotterêts. Pauvre Porthos ! il m'a semblé, je ne sais si c'est une illusion de mon cœur ou de mon orgueil, il m'a semblé que le jour

1. Alexandre Dumas fait périr Porthos dans *Le Vicomte de Bragelonne* (1848-1850) ; ce roman appartient, avec *Vingt ans après* (1845), à la trilogie des *Trois Mousquetaires.*
2. Cette lettre paraît dans le journal *Le Siècle* le 22 décembre 1849.

où vous avez fait part à la France de son trépas, un voile de deuil s'était étendu sur Paris. On s'était figuré, n'est-ce pas, que nos quatre héros étaient immortels, et quand on a vu tomber le plus fort et peut-être le meilleur de tous, on a senti instinctivement que la mort n'entrerait pas pour si peu dans ce quadrille de géants, et que l'un au tombeau, les autres ne tarderaient pas à l'y suivre.

Croyez-moi, mon cher ami, le métier de romancier et d'auteur dramatique a certes bien ses plaisirs, ses joies, ses orgueils surtout, mais comme il a ses tristesses aussi, et je le répète, une de ces tristesses-là, tristesse incompréhensible peut-être pour quelques-uns, mais réelle, mais profonde, mais infinie pour moi, c'est d'avoir donné le jour à un personnage, de l'avoir élevé, choyé, vu grandir, de l'avoir conduit toujours bon, franc et loyal, au milieu des vicissitudes [1] d'une aventureuse vie, et au jour venu de sentir l'implacable nécessité, la nécessité aux coins de fer, comme disaient les anciens, qui vient vous sommer de rendre à la terre, c'est-à-dire à l'oubli, ce doux rêve de votre imagination dont vous vous étiez habitué à être le compagnon, le conseiller, le père. J'ai donc à mon grand regret perdu Porthos, et mon regret est d'autant plus grand, qu'il était trop connu, le bon et brave mousquetaire, pour que jamais fantôme de mon imagination revête sa vieille casaque [2], couvre sa tête de son large feutre, sa main de sa lourde épée. – Porthos est donc mort tout entier, sans héritier, sans successeur, sans équivalent pour l'avenir. [...]

Le Vicomte de Bragelonne, t. II, éd. Claude Schopp,
Robert Laffont, coll. « Bouquins », 1998, p. 884.

Relevez et analysez les expressions qui suggèrent que, en mourant, Porthos a perdu son statut de personnage pour accéder à celui d'être cher (*et* de chair).

---

1. ***Vicissitudes*** : hasards, événements heureux et malheureux qui se succèdent dans une vie.
2. ***Casaque*** : vêtement de dessus à larges manches.

Montalbán, *Avant que le millénaire nous sépare* (1997)

En 1999, Manuel Vázquez Montalbán (1939-2003), écrivain espagnol, décide que son personnage Carvalho, détective privé et chroniqueur de la société espagnole, « né » en 1972 dans *J'ai tué Kennedy*, n'a plus que deux livres « à vivre » : il est usé et ne peut pas passer le cap du IIIe millénaire. Montalbán imagine alors un monologue où Carvalho le met en accusation et dit au lecteur pris à témoin toute l'amertume qu'il ressent, confronté à une décision injuste. Dans la pièce de Pirandello, l'auteur avait refusé la vie à ses Personnages ; ici, Montalbán trahit le sien, en décidant brutalement de le faire mourir, après plus de vingt ans de cohabitation.

– Qu'est-ce que je peux y faire ? Je brûle ce qu'il me demande de brûler. S'il veut brûler des livres en guise de plaisanterie culturelle, ma foi, je les brûle. Je suis obligé d'être ce que je suis et de faire ce que je fais. Je vis sans vivre en moi-même (je vous demande pardon pour la pédanterie de cette phrase trop littéraire), mais c'est que je ne suis que chair à littérature. Je suis un personnage littéraire. Ou, pour mieux dire, sous-littéraire, puisque je suis le héros de romans plus ou moins policiers. Je dis plus ou moins policiers parce que c'est ainsi que l'auteur les qualifie. Au fond, qu'il lira d'abord l'un après l'autre, une phrase par feuillet, puis qu'il finira par jeter au fur et à mesure que grandira son irritation.

– « Pepe Carvalho est un moyen technique… » ; « Mon personnage me permet de résoudre un problème fondamental dans tout le roman : le point de vue… » ; « Ce dont on a besoin pour construire un roman, c'est une histoire, un point de vue et une position morale… »

[…]

L'assassin, c'est l'auteur. Il a tué ou fait disparaître peu à peu toutes les personnes de mon entourage, qui constituaient mon univers, en guise de prélude à ma propre mort. Je suis le témoin gênant de ses prophéties et de ses rêves avortés au cours de ce XXe siècle et il ne me laisse pas l'accompagner vers un nouveau futur imparfait qui le terrorise. Il ne me permet pas d'être le témoin de sa lâcheté, de son insuffisance morale. Le temps lui fait peur… le temps.

Il déclame.

– *Sanctus ! Sanctus ! Sanctus !* Le temps… Le temps… Le temps… Tout roman de Carvalho, dit l'auteur comme si les romans étaient de moi et non de lui, mêle diverses utilisations du temps… Il y a un temps narratif conventionnel, qu'implique tout roman ou pièce de théâtre. (Il montre le livre.) Le temps qui est là-dedans, qu'embrassent les trois cents pages de ce roman. Celui qui va durer et suggérer cette représentation théâtrale. Par ailleurs, les romans de Carvalho reflètent le temps historique vécu, un peu à la façon d'un paysage. Si l'on prend soin de lire la série complète, un roman après l'autre, on observera le vieillissement progressif d'une époque, en Espagne, dans le monde, entre deux guerres, entre deux terreurs ou entre deux échecs. Ça revient au même. Il y a enfin un troisième temps, le mien. Le temps biologique de Carvalho. Carvalho vieillit, dit l'auteur, il n'est pas comme d'autres personnages de roman policier qui n'ont pas d'âge. Carvalho ne peut pas faire en 1995 ce qu'il faisait en 1972, dans *J'ai tué Kennedy* ou, dix ans plus tard, dans *Meurtre au Comité central*. Carvalho vieillit… Il n'est pas un moyen technique immortel. Il doit mourir avant l'an 2000 ! Il doit mourir. Je dois mourir ! Parce que Carvalho, c'est moi !

Il passe à la colère.

– C'est lui qui vieillit ! Il veut me transmettre sa peur de ne pas supporter le saut dans le vide d'un nouveau millénaire. Ses neurones se sont adaptés à ce qui est déjà arrivé et sont incapables de supporter ne serait-ce que l'intuition de ce qui peut encore arriver. Et sa supériorité m'énerve, aussi bien lorsqu'il annonce ma disparition que lorsqu'il tient compte de la demande de grâce formulée par les lecteurs.

Avant que le millénaire nous sépare (1997), trad. Georges Tyras,
© Christian Bourgois, 1999, p. 11-12 et 39-41.

1. Comment se manifeste l'humour dans ce texte ?
2. Comment l'auteur intervient-il dans ce passage ? Quelle perception en a son personnage ?

Le comédien et le personnage

Parce qu'une pièce de théâtre est généralement destinée à être représentée, la notion de personnage théâtral pose le problème de l'incarnation par un comédien. « [...] au théâtre, mon cher monsieur, ce ne sont pas les personnages qui jouent. Au théâtre, ce sont les comédiens. Les personnages, eux, ils sont là, dans le manuscrit », réplique, énervé, le directeur de troupe au Père désireux de « [se] présenter [lui-même] devant le public » (p. 76). En jouant – et c'est le reproche que les Personnages de Pirandello adressent aux acteurs –, c'est-à-dire en créant de l'illusion, le comédien ne fait-il pas perdre en vérité à son personnage ce qu'il lui fait gagner en vraisemblance ?

Pirandello, *Écrits sur le théâtre et la littérature* (posth., 1960)

Pour Pirandello, le comédien, dans la mesure où il recherche l'illusion, ne peut que trahir la vérité du personnage. Pour incarner celui-ci, l'acteur doit pleinement s'identifier à lui, c'est-à-dire le retrouver tel qu'il a jailli dans l'esprit de son créateur. Mais cette exigence utopique, illusoire, se heurte aux contingences matérielles de l'univers théâtral.

[…] que fait l'acteur ? Exactement l'inverse de ce que l'auteur a fait. Il rend plus réel et cependant moins vrai le personnage que le poète a créé, il lui ôte en vérité idéale et supérieure ce qu'il lui donne en réalité matérielle et commune. Il le rend également d'autant moins vrai qu'il le transpose dans la matérialité fictive et conventionnelle de la scène. Bref, l'acteur donne une consistance artificielle, au sein d'une ambiance factice et illusoire, à des personnes et des actions déjà dotées auparavant d'une expression de vie très au-dessus des contingences matérielles et qui vivent déjà dans l'idéalité essentielle de la poésie, c'est-à-dire dans une réalité supérieure. […]

Tout comme l'auteur spontanément, par l'émotion, une soudaine sympathie, sent le sujet qui lui convient dans une circonstance de la vie, commune et plate pour les autres, ou dans un épisode de l'histoire, de même il faut que l'acteur, par l'émotion, une soudaine sympathie, sente le rôle qui lui convient, il faut qu'aussitôt en lui-même il *mette à l'épreuve* le personnage qu'il a à faire vivre sur la scène.

Mais naturellement l'acteur, puisqu'il vit au théâtre et du théâtre, c'est-à-dire parmi tout ce qu'il y a de postiche et de conventionnel sur les tréteaux, est souvent amené à voir surtout ce que l'œuvre d'art comporte de théâtral. Un peu comme le dessinateur, dans un livre qu'il doit illustrer, ne voit que ce qui s'y prête le mieux. Bref, l'acteur, plutôt que les raisons idéales de l'art, voit les motivations matérielles de la scène et, plutôt que la vérité supérieure de l'expression artistique, la réalité fictive de son futur jeu scénique.

Écrits sur le théâtre et la littérature (1960), trad. Georges Piroué, © Denoël, 1968, rééd. Gallimard, coll. « Folio », 1990, p. 24-25 et 31-32.

Comparez la conception du jeu théâtral de Pirandello à celle qu'expose Diderot dans le texte suivant. Dans chacun des passages, relevez et analysez les expressions qui font apparaître leurs divergences.

Diderot, *Paradoxe sur le comédien* (v. 1773, publ. posth., 1830)

Pour Diderot (1713-1784), contrairement à Pirandello, la meilleure prestation n'est pas celle, nécessairement idéale, où le comédien incarne (au sens propre) le personnage, mais résulte d'un travail d'interprétation, presque mécanique. Jouer un rôle, ce n'est pas sonder la vérité artistique du personnage, c'est calculer chaque geste, chaque expression pour créer une illusion de vie.

LE PREMIER

[…] Moi, je lui veux beaucoup de jugement ; il me faut dans cet homme un spectateur froid et tranquille ; j'en exige, par conséquent, de la pénétration et nulle sensibilité, l'art de tout imiter ou, ce qui revient au même, une égale aptitude à jouer toute sorte de caractères et de rôles.

LE SECOND

Nulle sensibilité !

LE PREMIER

[...] Si le comédien était sensible, de bonne foi lui serait-il permis de jouer deux fois de suite un même rôle avec la même chaleur et le même succès ? Très chaud à la première représentation, il serait épuisé et froid comme un marbre à la troisième.

[...] Mais quoi ? dira-t-on, ces accents si plaintifs, si douloureux, que cette mère arrache du fond de ses entrailles, et dont les miennes sont si violemment secouées, ce n'est pas le sentiment actuel qui les produit, ce n'est pas le désespoir qui les inspire ? Nullement ; et la preuve, c'est qu'ils sont mesurés ; qu'ils font partie d'un système de déclamation ; que plus bas ou plus aigus d'une vingtième partie d'un quart de ton, ils sont faux ; qu'ils sont soumis à une loi d'unité ; qu'ils sont, comme dans l'harmonie, préparés et sauvés : qu'ils ne satisfont à toutes les conditions requises que par une longue étude ; [...] que pour être poussés juste, ils ont été répétés cent fois, et que, malgré ces fréquentes répétitions, on les manque encore ; c'est qu'avant de dire :

Zaïre, vous pleurez [1] !

ou,

Vous y serez, ma fille [2],

l'acteur s'est longtemps écouté lui-même ; c'est qu'il s'écoute au moment où il vous trouble, et que tout son talent consiste non pas à sentir, comme vous le supposez, mais à rendre si scrupuleusement les signes extérieurs du sentiment que vous vous y trompiez. Les cris de sa douleur sont notés dans son oreille. Les gestes de son désespoir sont de mémoire, et ont été préparés devant une glace. Il sait le moment précis où il tirera son mouchoir et où les larmes couleront ;

---

1. ***Zaïre, vous pleurez*** : citation extraite de la tragédie de Voltaire, *Zaïre* (1732), acte IV, scène 2, v. 1154.
2. ***Vous y serez, ma fille*** : citation extraite de la tragédie de Racine, *Iphigénie* (1674), acte II, scène 2, v. 578.

attendez-les à ce mot, à cette syllabe, ni plus tôt ni plus tard. Ce tremblement de la voix, ces mots suspendus, ces sons étouffés ou traînés, ce frémissement des membres, ce vacillement des genoux, ces évanouissements, ces fureurs, pure imitation, leçon recordée[1] d'avance, grimace pathétique, singerie sublime dont l'acteur garde le souvenir longtemps après l'avoir étudiée, dont il avait la conscience présente au moment où il l'exécutait, qui lui laisse, heureusement pour le poète, pour le spectateur et pour lui, toute liberté de son esprit, et qui ne lui ôte, ainsi que les autres exercices, que la force du corps. Le socque[2] ou le cothurne[3] déposé, sa voix est éteinte, il éprouve une extrême fatigue, il va changer de linge ou se coucher ; mais il ne lui reste ni trouble, ni douleur, ni mélancolie, ni affaissement d'âme. C'est vous qui remportez toutes ces impressions. L'acteur est las, et vous triste ; c'est qu'il s'est démené sans rien sentir, et que vous avez senti sans vous démener. S'il en était autrement, la condition de comédien serait la plus malheureuse des conditions ; mais il n'est pas le personnage, il le joue et le joue si bien que vous le prenez pour tel : l'illusion n'est que pour vous ; il sait bien, lui, qu'il ne l'est pas.

Paradoxe sur le comédien, éd. Sabine Chaouche,
GF-Flammarion « Dossier », 2000, p. 49-56.

Le mystère de la création artistique

La question de la création artistique est au cœur de *Six Personnages en quête d'auteur* : « [...] la nature se sert de l'imagination humaine afin de poursuivre, sur un plan plus élevé, son œuvre de création », affirme le Père de famille (p. 45).

1. ***Recordée*** : apprise par cœur et répétée pour mieux se la rappeler.
2. ***Socque*** : chaussure basse que portaient les acteurs de comédie.
3. ***Cothurne*** : chaussure haute à semelle très épaisse que portaient les acteurs de la tragédie antique.

Pour Pirandello, le problème de la création ne se pose pas en terme d'imitation fidèle de la réalité – conception de l'art « revendiquée » par les auteurs réalistes puis par les naturalistes ; elle ne rivalise pas avec la Création, mais s'inscrit dans son prolongement. Toute œuvre qui cherche à imiter la vie est vouée à l'échec de l'illusion, mot récurrent dans l'œuvre de Pirandello et décliné par les Personnages sur le mode du refus. L'art ne peut être pensé comme le pâle reflet de la réalité, car toute création relève d'une réalité intrinsèque supérieure.

Zola, *L'Œuvre* (1886)

Quatorzième volume de la série des Rougon-Macquart, *L'Œuvre* met en scène l'univers des artistes dans la seconde moitié du XIXe siècle. Zola (1840-1902) évoque dans ce roman partiellement autobiographique les affres de la création littéraire et picturale. Claude, peintre de génie, entreprend le portrait d'une femme nue pour lequel Christine, sa compagne, a accepté de poser. Mais la recherche d'une vérité artistique qui n'est pas la « simple » reproduction de la réalité le détourne de son modèle initial et le dévore. Son projet, qui place l'art plus haut que la réalité, voué à l'échec, finit par le tuer.
Dans l'extrait suivant, Christine éprouve de la haine à l'égard de la créature qu'elle a inspirée et qui a fini par la supplanter dans l'esprit de son mari. Le rapport entre art et réalité s'exprime ici à travers une rivalité cruelle et le tourment sans issue d'un artiste qui ne parvient pas à insuffler la vie à sa création bien qu'il lui sacrifie la sienne.

[…] Sa rage impuissante de création l'avait repris, il s'épuisait en dehors de l'heure, en dehors du monde, il voulait souffler la vie à son œuvre, tout de suite.

Ah ! quelle pitié, et de quels yeux trempés de larmes Christine le regardait ! Un instant, elle eut la pensée de le laisser à cette besogne folle, comme on laisse un maniaque au plaisir de sa démence. Ce tableau, jamais il ne le finirait, c'était bien certain maintenant. Plus il s'y acharnait, et plus l'incohérence augmentait, un empâtement de tons lourds, un effort épaissi et fuyant du dessin. Les fonds eux-mêmes, le groupe des débardeurs surtout, autrefois solides, se gâtaient ; et il se butait là, il s'était obstiné à vouloir terminer tout, avant de repeindre la figure centrale, la Femme nue, qui demeurait la peur et le désir de ses heures de travail, la chair de vertige qui l'achèverait, le jour où il s'efforcerait encore de la faire vivante. Depuis des mois, il n'y donnait plus un coup de pinceau ; et c'était ce qui tranquillisait Christine, ce qui la rendait tolérante et pitoyable, dans sa rancune jalouse : tant qu'il ne retournait pas à cette maîtresse désirée et redoutée, elle se croyait moins trahie.

Les pieds gelés par le carreau, elle faisait un mouvement pour regagner le lit, lorsqu'une secousse la ramena. Elle n'avait pas compris d'abord, elle voyait enfin. De sa brosse trempée de couleur, il arrondissait à grands coups des formes grasses, le geste éperdu de caresse ; et il avait un rire immobile aux lèvres, et il ne sentait pas la cire brûlante de la bougie qui lui coulait sur les doigts ; tandis que, silencieux, le va-et-vient passionné de son bras remuait seul contre la muraille : une confusion énorme et noire, une étreinte emmêlée de membres dans un accouplement brutal. C'était à la Femme nue qu'il travaillait.

Alors, Christine ouvrit la porte et s'avança. Une révolte invincible, la colère d'une épouse souffletée chez elle, trompée pendant son sommeil, dans la pièce voisine, la poussait. Oui, il était bien avec l'autre, il peignait le ventre et les cuisses en visionnaire affolé, que le tourment du vrai jetait à l'exaltation de l'irréel ; et ses cuisses se doraient en colonnes de tabernacle, ce ventre devenait un astre, éclatant de jaune et de rouge purs, splendide et hors de la vie. Une si étrange nudité d'ostensoir, où des pierreries semblaient luire, pour quelque adoration religieuse, acheva de la fâcher. Elle avait trop souffert, elle ne voulait plus tolérer cette trahison. [...]

– Mais je suis vivante, moi ! et elles sont mortes, les femmes que tu aimes... Oh ! ne dis pas non, je sais bien que ce sont tes maîtresses, toutes ces femmes peintes. Avant d'être la tienne, je m'en étais aperçu déjà, il n'y avait qu'à voir de quelle main tu caressais leur nudité, de quels yeux tu les contemplais ensuite, pendant des heures. Hein ? était-ce malsain et stupide, un pareil désir chez un garçon ? brûler pour des images, serrer dans ses bras le vide d'une illusion ! et tu en avais conscience, tu t'en cachais comme d'une chose inavouable…

L'Œuvre, éd. Antoinette Ehrard,
GF-Flammarion, 1974, p. 400-401 et 403-404.

1. En quoi ce texte illustre-t-il l'idée développée par Pirandello selon laquelle la création relève d'une réalité supérieure ?
2. Relevez et interprétez les expressions qui suggèrent l'anéantissement de l'artiste face à sa création.

Pirandello, *Écrits sur le théâtre et la littérature*

Dans l'extrait suivant, Pirandello exprime son scepticisme à l'égard d'une littérature réaliste qui entendrait faire du roman ou de toute autre œuvre d'art une stricte reproduction de la réalité. Le but de l'art ne réside pas dans l'imitation parfaite (et illusoire) d'une réalité quotidienne en proie à des contingences multiples, mais dans la quête d'une réalité supérieure, qui s'attacherait à l'essence des choses.

[…] ni Flaubert ni Maupassant, pour grands artistes qu'ils étaient, ne réussirent à devenir photographes – en dépit de leur théorie – et le premier même ne fut même pas un véritable naturaliste. Ce qui distingue nature et art, à savoir justement la modification que l'art impose à la nature, éclate en effet dans le dédain ironique de Flaubert à l'égard d'une réalité médiocre que par système il avait choisi de décrire et que par instinct il haïssait ; éclate aussi dans la résolution de Maupassant à vouloir opposer constamment l'instinct sûr et ferme à la raison incertaine et vacillante, désignant la bestialité comme le fond même de notre être, un fond solide et seul capable de nous maintenir contre les caprices de l'imagination et les erreurs de l'intelligence.

Peintres donc, tout au plus, mais photographes certainement non. Et peintres encore de tout autre manière que l'entendait Blaise Pascal qui s'écriait : « Quelle vanité que la peinture ! » en se référant de toute évidence à un concept déjà exprimé par Aristote dans sa

Poétique et repris depuis par tant d'autres, sans tenir compte de la réfraction [1] des objets dans l'esprit de l'artiste et s'imaginant que la peinture ne pouvait avoir d'autre but que de susciter l'admiration *pour la ressemblance des choses dont nous n'admirons pas les originaux* [2]. [...] La réalité quotidienne et matérielle de la vie limite les choses, les hommes et leurs actions, les contrarie et les déforme. Dans cette réalité, les actions qui donnent du relief à un caractère se détachent sur un fond de contingences sans valeur, de détails communs. Mille obstacles imprévus et soudains gauchissent les actions et dénaturent les caractères ; de petites et vulgaires misères les amenuisent fréquemment. L'art au contraire libère les choses, les hommes et leurs actions de ces contingences sans valeur, de ces détails communs, de ces obstacles vulgaires ou de ces petites misères. Il les tire, en un certain sens, du côté de l'abstraction ; c'est-à-dire qu'il rejette, sans même y prendre garde, tout ce qui contrarie la conception de l'artiste et regroupe inversement tout ce qui, en accord avec elle, lui donne plus de force et de richesse. Ainsi l'art crée une œuvre qui loin d'être, comme la nature, sans ordre (tout au moins apparent) et hérissée de contradictions, forme presque un petit monde dont tous les éléments se tiennent mutuellement et mutuellement coopèrent. En ce sens précis seulement, l'artiste idéalise. Non qu'il représente des types ou dépeigne des idées : il simplifie et concentre. L'idée des personnages, le sentiment qui émane d'eux appellent des images expressives, les groupent, et les combinent. Les détails inutiles s'effacent, tout ce qu'impose la logique vivante du caractère se trouve réuni, concentré dans l'unité d'un être moins réel et cependant plus vrai.

Écrits sur le théâtre et la littérature (1960), trad. Georges Piroué, © Denoël, 1968, rééd. Gallimard, coll. « Folio », 1990, p. 12 et 23-24.

---

1. ***Réfraction*** : ici, la manière dont l'esprit perçoit le monde extérieur (en physique, on désigne par ce mot un changement de direction subi par un rayon de lumière à l'endroit de séparation de deux milieux transparents).
2. En français dans le texte italien.

Résumez et reformulez brièvement la conception de l'art exposée par Pirandello. En quoi cette conception diffère-t-elle d'une conception réaliste ?

Petit lexique pour la lecture d'images

Ce lexique rappelle la définition de notions nécessaires à l'analyse d'images fixes ou cinématographiques. Il enrichira la lecture des clichés de mises en scène réunis dans ce volume (voir p. 42, 60, 71, 92 et 119).

Cadrage : choix de l'image que l'on voit à l'écran ou sur une photographie. Il résulte de la place de la caméra ou de celle de l'objectif et détermine l'échelle du décor, des personnages et de l'action.

Champ / Contrechamp : au cinéma, séquence ou partie de séquence montrant alternativement les deux éléments principaux de l'action, par exemple deux personnages en train de dialoguer.

Plan : 1. Au cinéma, unité narrative minimale, image continue qui s'achève par le passage au plan suivant.

2. Chacune des surfaces planes perpendiculaires à la direction du regard représentant les profondeurs, les éloignements dans une scène réelle ou figurée en perspective (dessin, peinture, photographie). On distingue ainsi premier plan, second plan et plan éloigné ou arrière-plan.

3. Dans l'analyse d'image cinématographique (mais la terminologie peut être reprise pour des images fixes), selon le type de cadrage effectué, on parle de :
– gros plan (plan qui montre un détail, une partie du corps, un objet) ;
– plan rapproché ou serré (personnage cadré à hauteur des épaules) ;

– plan moyen (personnage cadré à la taille) ;
– plan américain (personnage cadré au-dessus du genou) ;
– plan d'ensemble (personnage montré en pied ou vue éloignée d'une scène ou d'un paysage).

Notes et citations

Notes et citations

Notes et citations

Les classiques et les contemporains dans la même collection

ANDERSEN
La Petite Fille et les allumettes et autres contes (171)

ANOUILH
La Grotte (324)

APULÉE
Amour et Psyché (2073)

ASIMOV
Le Club des Veufs noirs (314)

AUCASSIN ET NICOLETTE (43)

BALZAC
Le Bal de Sceaux (132)
Le Chef-d'œuvre inconnu (2208)
Le Colonel Chabert (2007)
Ferragus (48)
Le Père Goriot (349)
La Vendetta (28)

BARBEY D'AUREVILLY
Les Diaboliques – Le Rideau cramoisi, Le Bonheur dans le crime (2190)

BARRIE
Peter Pan (2179)

BAUDELAIRE
Les Fleurs du mal – *Nouvelle édition* (115)

BAUM (L. FRANK)
Le Magicien d'Oz (315)

LA BELLE ET LA BÊTE ET AUTRES CONTES (90)

BERBEROVA
L'Accompagnatrice (6)

BERNARDIN DE SAINT-PIERRE
Paul et Virginie (2170)

LA BIBLE
Histoire d'Abraham (2102)
Histoire de Moïse (2076)

BOVE
Le Crime d'une nuit. Le Retour de l'enfant (2201)

BRADBURY
L'Heure H et autres nouvelles (2050)
L'Homme brûlant et autres nouvelles (2110)

CARRIÈRE (JEAN-CLAUDE)
La Controverse de Valladolid (164)

CARROLL
Alice au pays des merveilles (2075)

CERVANTÈS
Don Quichotte (234)

CHAMISSO
L'Étrange Histoire de Peter Schlemihl (174)

LA CHANSON DE ROLAND (2151)

CHATEAUBRIAND
Mémoires d'outre-tombe (101)

CHEDID (ANDRÉE)
L'Enfant des manèges et autres nouvelles (70)
Le Message (310)

CHRÉTIEN DE TROYES
Lancelot ou le Chevalier de la charrette (116)
Perceval ou le Conte du graal (88)
Yvain ou le Chevalier au lion (66)

CLAUDEL (PHILIPPE)
Les Confidents et autres nouvelles (246)

COLETTE
Le Blé en herbe (257)

COLIN (FABRICE)
Projet oXatan (327)

COLLODI
Pinocchio (2136)

CORNEILLE
Le Cid – *Nouvelle édition* (18)

DAUDET
Aventures prodigieuses de Tartarin de Tarascon (2210)
Lettres de mon moulin (2068)

DEFOE
Robinson Crusoé (120)

DIDEROT
Jacques le Fataliste (317)
Le Neveu de Rameau (2218)
Supplément au Voyage de Bougainville (189)

Les anthologies dans la même collection

AU NOM DE LA LIBERTÉ
Poèmes de la Résistance (106)

L'AUTOBIOGRAPHIE (2131)

BAROQUE ET CLASSICISME (2172)

LA BIOGRAPHIE (2155)

BROUILLONS D'ÉCRIVAINS
Du manuscrit à l'œuvre (157)

« C'EST À CE PRIX QUE VOUS MANGEZ DU SUCRE... » Les discours sur l'esclavage d'Aristote à Césaire (187)

CEUX DE VERDUN
Les écrivains et la Grande Guerre (134)

LES CHEVALIERS DU MOYEN ÂGE (2138)

CONTES DE L'ÉGYPTE ANCIENNE (2119)

CONTES DE SORCIÈRES (331)

LE CRIME N'EST JAMAIS PARFAIT
Nouvelles policières 1 (163)

DE L'ÉDUCATION
Apprendre et transmettre de Rabelais à Pennac (137)

LE DÉTOUR (334)

DES FEMMES (2217)

FAIRE VOIR : QUOI, COMMENT, POUR QUOI ? (320)

FÉES, OGRES ET LUTINS
Contes merveilleux 2 (2219)

LA FÊTE (259)

GÉNÉRATION(S) (347)

LES GRANDES HEURES DE ROME (2147)

L'HUMANISME ET LA RENAISSANCE (165)

IL ÉTAIT UNE FOIS
Contes merveilleux 1 (219)

LES LUMIÈRES (158)

LES MÉTAMORPHOSES D'ULYSSE
Réécritures de L'*Odyssée* (2167)

MONSTRES ET CHIMÈRES (2191)

MYTHES ET DIEUX DE L'OLYMPE (2127)

NOIRE SÉRIE...
Nouvelles policières 2 (222)

NOUVELLES DE FANTASY 1 (316)

NOUVELLES FANTASTIQUES 1
Comment Wang-Fô fut sauvé et autres récits (80)

NOUVELLES FANTASTIQUES 2
Je suis d'ailleurs et autres récits (235)

ON N'EST PAS SÉRIEUX QUAND ON A QUINZE ANS Adolescence et littérature (156)

PAROLES DE LA SHOAH (2129)

LA PEINE DE MORT
De Voltaire à Badinter (122)

POÈMES DE LA RENAISSANCE (72)

POÉSIE ET LYRISME (173)

LE PORTRAIT (2205)

RACONTER, SÉDUIRE, CONVAINCRE
Lettres des XVIIe et XVIIIe siècles (2079)

RÉALISME ET NATURALISME (2159)

RÉCITS POUR AUJOURD'HUI
17 fables et apologues contemporains (345)

RISQUE ET PROGRÈS (258)

ROBINSONNADES
De Defoe à Tournier (2130)

LE ROMANTISME (2162)

SCÈNES DE LA VIE CONJUGALE
Le couple au théâtre, de Shakespeare à Yasmina Reza (328)

LE SURRÉALISME (152)

LA TÉLÉ NOUS REND FOUS ! (2221)

LES TEXTES FONDATEURS (340)

TROIS CONTES PHILOSOPHIQUES (311)
Diderot, Saint-Lambert, Voltaire

TROIS NOUVELLES NATURALISTES (2198)
Huysmans, Maupassant, Zola

VIVRE AU TEMPS DES ROMAINS (2184)

VOYAGES EN BOHÈME (39)
Baudelaire, Rimbaud, Verlaine

Création maquette intérieure :
Sarbacane Design.

Composition : IGS-CP.
N° d'édition : L.01EHRN000204.C002
Dépôt légal : janvier 2009
Imprimé en Espagne par Novoprint (Barcelone)